目錄

13 第一章：演藝世家

27 第二章：塑造角色

49 第三章：獨立的電影工作者

83 第四章：流浪漢之後

113 見證與文獻

134 電影作品集錄

136 圖片目錄與出處

139 索引

David Robinson

國際知名的影評暨電影史專家。長期爲《金融時報》
(*The Financial Times*)及倫敦《泰晤士報》(*The Times*)寫影評。
著作甚豐，作品有：《巴斯特·基頓》(1969)、
《世界電影全貌》(1973)、《卓別林：觀點的反照》(1983)、
《卓別林：他的藝術與人生》(1985)、《影子音樂》(1990)、
《經典動畫片：1883-1908年》(1991)、《李察·艾登保祿》(1992)等書。
對默片時代的電影研究尤具權威地位，曾針對電影相關主題策畫多次影展。

卓別林

笑淚交織的粉墨人生

原著＝**David Robinson**

譯者＝葛智強

時報出版

卓別林的人生旅程啓始維艱。
這位以流浪漢形象出現在銀幕上的人
後來成了全世界最負盛名、最受讚譽的人物。
19世紀末，卓別林出身倫敦貧民區，
在貧窮和匱乏中艱難成長，
一如英國作家狄更斯(Charles Dickens)
筆下的人物，而卓別林也始終對其小說
《孤雛淚》(*Oliver Twist*)愛不釋手。

第一章
演藝世家

卓別林在倫敦貧民區度過貧窮淒涼的童年。這位後來成為凱西宮廷馬戲團明星的人在貧民區的生活毫無浪漫色彩可言(左頁為16歲的卓別林)。成年後，他懷著思鄉情結在《舞台春秋》(Limelight，1952)中重塑這段經歷。

卓別林的童年幾乎都是在倫敦貧民區裡度過。這個貧民區位於泰晤士河南方，蘭貝斯(Lambeth)和索思沃克(Southwark)的教堂都群集在這裡。1885年，老卓別林(Charles Chaplin)和漢娜·希爾(Hannah Hill)在這裡結婚。老卓別林當時22歲，漢娜剛滿20歲。夫妻倆十分喜愛舞台生涯。老卓別林是位職業歌手。漢娜在婚後不久以莉莉·哈萊(Lily Harley)的藝名多次演出雜耍歌舞劇。在維多利亞時代末期，雜耍歌舞劇正處於巔峰，全英國這類專業劇場有270多家，首都就有36家。

卓別林的母親漢娜(左圖，攝於1885年左右)搞砸了「侍女」角色，和孩子們坐在窗前看著街上的行人，根據他們的走路神態來猜測他們的性格，藉以培養孩子們的觀察力。

上圖這張19世紀末的節目單，上有老卓別林的畫像。他唱的是首情歌〈她想必既聰明又美麗〉，風趣地敘述一位青年尋找理想伴侶的故事，希望追求的女孩既聰明又美麗，最好還有嫁妝……

歌手父親，演員母親

老卓別林很快就成了雜耍劇院裡的藝術家。他年紀輕輕就名聲很大，1890年代已在海報上頻頻出現。至於漢娜，她的舞台生涯少有光彩，只在一些小劇院裡演出，名字排在海報底端。儘管如此，她那後來成名的兒子還是逢人就說她是一位真正有天賦的戲劇演員，他的默劇藝術和觀察力就是從她那裡學來的。

漢娜在婚前已有一個三個月大的兒子，名叫西尼(Sydney)，孩子的父親則無從查考。

1889年4月16日，卓別林(Charles Spencer Chaplin)生於倫敦蘭貝斯區東街，但是沒有出生證或受洗證之類的文件可資證明。

> # Programme.
>
> This Programme is arranged under the direction
> of Mr. Geo. Adney Payne.
>
> JUL 3 — 1895
>
> 5.　MR. CHARLES CHAPLIN, Descriptive Vocalist.

衣衫襤褸，食不果腹

卓別林一歲那年，父親去美國各地滑稽歌舞劇場巡迴演出。母親漢娜孤居倫敦，結識雜耍歌舞劇的名角德萊頓(Leo Dryden)，於是又有了第三個兒子惠勒(Wheeler)。老卓別林從美國回來後看到這個意外出現的家庭新成員，十分震驚，決定棄家而去，十年後因酗酒過度而病逝，時年37歲。

漢娜再次孤身獨居，又遭德萊頓拋棄。德萊頓最後一次去她那裡是把只有六個月大的小惠勒帶走。此後約30年後，這對母子才得以重逢。漢娜從此獨自扶養另兩個兒子。法院曾判決老卓別林須付她贍養費，但他拒不執行，漢娜只得靠為人縫縫補補掙些小錢勉強度日。孩子們穿著破爛，常常食不果腹，生活極度貧困。為了尋找租金低廉的房子，一家人還常常搬家。

酗 酒是當年倫敦各雜耍劇團的一大禍害。卓別林的父親就是被它奪去生命(上圖是老卓別林在一家劇場演唱時的節目單)。由於劇場經營的獲利取決於酒類的銷售，老闆都要求演員和觀眾一起喝酒，以此來促進銷售。老卓別林因此習慣成癮。

漢威爾(Hanwell)孤兒院

1895年，西尼十歲，卓別林六歲。6月，漢娜出現精神失常症狀，在醫院裡短期治療後回家休養。1896年

刀，漢娜病情再度加劇，於是西尼和卓別林兩兄弟就被送到漢威爾的貧民習藝所，這是一所孤兒院，位於倫敦郊區，條件還不錯，甚至還有游泳池。供吃供穿，住得也舒適，有的孩子還有牙刷。

但卓別林是個多愁善感的孩子，總覺得缺少關愛，尤其當哥哥西尼被送上培養窮苦孩子當水手的「埃克斯茅斯號」(Exmouth)實習船後更是如此。水手培訓的課程主要有體操和音樂，西尼在這些方面的成績斐然。

分別一年半後，兩個孩子又回到母親身邊，重新過著衣食無著、居無定所的生活。不久，漢娜精神病再次發作，撇下兩個孩子住進醫院。

1898年9月，兩兄弟與父親和他的新情人一起住了幾個星期，結果自然不妙，因為父親常常醉得不省人事，而情婦自己也有一個小孩，不願再負擔這兩個孩子。因此當漢娜出院後帶走她的兒子時，大家都鬆了口氣。

初次登台

1898年，小卓別林的命運發生戲劇性變化。就在十歲生日前五個月，他開始職業藝術家的生涯，從此持續一生。

這是他父親在留他住下那段時間裡發現他的喜劇才能，於是說服雜耍圈裡的好友傑克遜(William Jackson)，讓卓別林進入「蘭開郡少年舞蹈團」(The Eight Lancashire Lads)。卓別林學會木屐舞。

六個星期後，1898年12月24日，卓別林第一次登上曼徹斯特皇家劇院，在《森林中的孩子》(Babes in the Woods)一劇中擔任一角。往後的兩年裡，他隨劇

1897年，卓別林七歲，寄養在倫敦郊區的漢威爾孤兒院(倫敦中區貧窮法學校)。圖中的他身處在一群家境貧困的小朋友中間。

團在美國各地巡迴演出。

　　雜耍劇院為舞台藝術提供獨特的學習機會。每家雜耍劇院上演12到20個獨幕劇，競爭激烈，以應付口味挑剔、不耐久候，有時還甚具敵意、秩序混亂的各式觀眾。藝術家——甚至是群小舞者——得知道上了舞台後就要表演得有模有樣，吸引觀眾屏息欣賞。

　　卓別林日後回想有次在新開幕的倫敦馬戲場，蘭開郡的少年舞者在《灰姑娘》(Cendrillon)一劇中扮演動物時還頗為驕傲。卓別林當時演隻貓，但即興加些插科打諢，一下俏皮地抬抬後腿，一下又學狗的動作，突破舞台的限制。儘管劇院經理因害怕當時嚴格

漢威爾孤兒院的建築老舊，但生活規定以1890年代末的標準來看，不會太嚴苛。遊戲活動的空間相當大，宿舍備有暖氣，通風良好，飲食也還差強人意。但這些仍無法撫慰小卓別林失去家庭溫暖的創痛。

的舞台檢查制度而禁止他再
這麼做，但是觀眾愛死了這
把戲。

　　自此，小卓別林開始了
他的演藝人生。

打零工：店員、侍者、送貨小弟

1901年初，卓別林離開蘭開郡少年舞蹈團。

　　這時，母親漢娜也再次出
院，但她對這種生活已經不
抱多大希望。在隨後的兩年
裡，她就在蘭貝斯和索思沃
克的街上消磨一天算一天。

　　卓別林在自傳《我的一
生》(*My Autobiography*)中寫
道，為了母親和自己的生
活，他先後當過理髮師學
徒、雜貨店和醫生的跑腿、
旅館侍者、文具紙張店和玻
璃製品店的店員和印刷廠職
員，也在市集賣過舊衣服，
幫助流動攤販做玩具賣。

　　西尼則靠在「埃克斯茅
斯號」見習船上學到的本領
獨立謀生。

　　1901年，他把自己的年
齡16歲虛報為19歲，當上一
艘郵船的餐廳服務員和號

手。在兩次航行間，他抽空回到蘭貝斯，將節省下來的錢讓母親和弟弟的窘迫生活有點改善。對此，他們久久不能忘懷。

第一份合約

1903年5月，西尼又回來了。14歲的卓別林一人在家，母親再次住進醫院。西尼對卓別林說想留在英國，在雜耍劇院找份工作，因為一天郵船上舉辦音樂會，他發現自己在歌唱方面有點才能。經過反覆思考，卓別林也決定從事演藝生涯。

在西尼的鼓動下，他鼓足勇氣去斯特蘭(Strand)找著名的戲劇經紀人布萊克默(Blackmore)，以演員身分找工作。

是自信還是一時頭腦發熱？不管怎樣，這個衣衫襤褸的年輕人還是打動了布萊克默。這位經紀人約卓別林面試，讓他在《福爾摩斯》(Sherlock Holmes)劇中扮演僅僅比利(Billy)。後來，這齣由作家柯南·道爾(Arthur Conan Doyle)和美國名演員吉雷特(William C. Gillette)合作的戲在各地演出獲致極大成功，而卓別林在其中擔任一角。

不久，劇團的另一位台柱森茲伯里(H. A. Staintsbury)也舉薦他在自己的《田園牧歌》(A

「**我**當過報童、印刷工人、藥品推銷員、做過玩具、吹過玻璃器皿，等等。但是儘管我幹過這種種行業，我和西尼一樣，從未忘記我的最終目標：當個喜劇演員。因此，我擦亮皮鞋去斯特蘭旁的貝德福(Bedford)街找戲劇經紀人布萊克默。」(卓別林自傳《我的一生》，1964年)。於是，卓別林在為藥品商當了一段時間的推銷員後(左頁上圖為20世紀初倫敦一家藥房)，1905年在《福爾摩斯》中扮演僅僅比利一角(左頁下圖)。角色雖小，卻能讓他施展喜劇才華，引人注目。他的同母異父哥哥西尼(左圖)和他很親近，也當過一陣子演員。成年後的卓別林對他還是言聽計從，許多事常聽從他的建議或交由他處理。

Romance of Cockayne)中扮演吉姆
(Jim)。雖然是部失敗之作,但是劇
評不尖刻,對這位小演員反而讚
譽有加。1903年《福爾摩斯》
開始巡迴演出時,各地報刊替
扮演僮僕的卓別林一片叫
好,卓別林因此在兩年半
內載譽演遍全國。

　　比利一角讓卓別林贏得
諧角名聲。1905年10月,
《福爾摩斯》在紐約杜克
(Duke)劇場上演,扮演偵探的

吉雷特在原劇中增加笑料，要有一位少年扮演比利，便再次邀卓別林擔任。於是卓別林在16歲那年便成了倫敦西區小有名氣的演員了。

笨拙的鉛管工

1906年3月，《福爾摩斯》巡迴演出結束。卓別林加入西尼所屬的劇團，當時正在演出滑稽短劇《裝修》(Repairs)。幾年之後，無聲電影取材於這種長十幾分鐘、充滿笑料和插科打諢的短劇，拍攝成一、兩部喜鬧片。

　　《裝修》是齣令人捧腹的滑稽短劇，演的是幾個不稱職的工人在室內裝修時的笨拙行為。西尼演油漆匠，卓別林扮演鉛管工。

　　兩個半月後，卓別林離開該劇團，加入另個劇團，在一齣已上演很久的短劇《凱西宮廷馬戲團》(Casey's Court Circus)中擔任一角。該劇演的是宮廷後院裡幾個無賴的可笑行徑。

扮演比利一角的卓別林的名字與在劇中飾演福爾摩斯的吉雷特(左頁)的名字，同時出現在倫敦約克斯杜克劇場的節目單上。1906年春，卓別林兄弟在平克(Wall Pink)公司的滑稽短劇《裝修》中演出(上圖)。前排右為卓別林，時年17歲，扮演鉛管工；後排站立在高凳上的是西尼。1915年卓別林以此為題材拍攝《工作》(Work)，表演一群笨拙的工人把要裝修的房子弄得一塌糊塗。

　　卓別林後來在一個受歡迎的節目中誇張地模仿大盜圖賓(Dick Turpin)的動作，創造出著名的步態：右腿向外屈起，以左腿爲支點，再來個180度的轉身。這個動作不久之後就成了他著名的流浪漢角色的招牌動作。

卡諾(Fred Karno)與「笑料工廠」(Fun Factory)

1906年7月9日，西尼和卡諾默劇團簽訂一份合約。卡諾是當時最大的滑稽短劇團團主。他原是體操選手，1894年演出第一齣喜劇後就踏上喜劇之路，獲得很大成功。他的劇團常常赴外地巡迴演出，由倫敦坎伯威爾區(Camberwell)的「笑料工廠」管理。

　　卡諾行止粗魯、令人討厭，但在喜劇方面卻是天才，在插科打諢、調節劇情上有非凡的本領，特別是他懂得喜劇只有在帶有某種感情色彩、略顯悲壯時最能感動人心，這對他最出名的學生卓別林來說可謂經驗之談。

卡諾原名韋斯考特(Frederick Westcott，左圖)，是第一次世界大戰前英國數一數二的雜耍劇團團長。他的滑稽短劇都是默劇，與早期的喜劇電影十分相像。劇團的布景和服裝由「笑料工廠」製作，演員們赴外地巡迴演出前也在那裡排練。他手下的劇團一度多達十個，演員搭乘別緻的車輛赴各地演出(上圖)。

19歲成爲雜耍劇院台柱

1908年，西尼受卡諾雇傭兩年後已在多齣戲中擔任要

角，還參與編劇。2月，他向老闆推薦弟弟卓別林，老闆不以爲然，說：「這個臉色蒼白、身材矮小、愁眉不展的年輕人看起來很靦腆，是演不好戲的。」但在西尼力爭下，卡諾還是勉強同意讓卓別林到團裡試試。卡諾看了他幾次演出後，立刻就與他簽下一份兩年的合約，可續約一年。

幾星期後，卓別林成爲卡諾劇團台柱。他的成名主要靠兩部短劇。《蒙面鳥》(Mumming Birds)是齣戲中戲，演員們在舞台兩側的包廂裡扮演一群衣著古怪、吵吵鬧鬧的觀眾，對拙劣的模仿節目大叫大嚷。

「卡諾劇團的節目恪守默劇的所有傳統，冶雜技、滑稽、喜怒哀樂、短劇、舞蹈和雜耍於一爐，體現英國喜劇無與倫比的魅力。」

卓別林
〈抵禦有聲電影〉
載《電影工作者與電影》(Cinéa-Ciné)雜誌
1929年7月15日

卓別林也以誇張滑稽的動作跟著起哄。他詮釋醉漢十分出色。這個著名的造型後來被用到卡諾劇團許多短劇中，也為他最初幾部電影提供靈感。卓別林塑造的這一形象無疑是因為他當時住的蘭貝斯街上有許多小酒店，後來又在父親那裡住過一段時間，才有機會觀察到酒鬼的模樣。

1910年4月，卡諾讓卓別林在新戲《勇敢的傑米》(Jimmy the Fearless)擔任主角。這位年輕演員起先沒有接受，但當他看到另位新手躍躍欲試的樣子，馬上就答應了。這個新手不是別人，就是傑弗遜(Stanley Jefferson)，也就是後來的著名搭檔「勞萊與哈台」(Laurel and Hardy)中的勞萊。

熱戀中的喜劇演員

此時，卓別林愛上倫敦伯庫特洋基(Bert Coutt's Yankee)歌舞團的舞者海蒂‧凱莉(Hetty Kelly)。卓別林當時19歲，海蒂15歲。他們的關係沒有持續多久，因為海蒂的母親認為海蒂年紀太小，且對她抱有更大希望，於是毅然遏止這段戀情。

卓別林對這段初戀難以忘懷，50多年後寫下這樣一段話：「我只見過她五次，每次見面不超過20分鐘，時間雖短，卻令我我回味良久。」他在許多文章中提到海蒂，成年後的多次愛情經歷似乎都只在找尋這位「身輕如燕、臉似鵝蛋、唇紅齒白」的迷人少女。

19 10年，卡諾劇團赴美國長期巡迴演出。期間，卓別林在《倫敦俱樂部之夜》和《英國雜耍劇院之夜》中扮演醉漢而出名。在投身電影事業前，他的名字早已頻頻出現在滑稽歌舞劇的海報上(下圖為1911年在舊金山演出時的海報)。

征服美國

新的經歷讓卓別林擺脫失戀的痛苦。1910年秋，卓別林被選任主角隨卡諾劇團去美國巡迴演出。21個月內，他們走遍美國北部，從紐約經芝加哥、聖路易、明尼亞波里、聖保羅、堪薩斯城、丹佛、比特、比林斯、塔科馬、西雅圖、波特蘭到舊金山。卓別林對這個新大陸讚賞不已，他寫道：「這個大陸前途似錦、充滿活力，靈魂在此可以昇華。」

　　一旦發現美國，再回到英國似乎就有點憂傷了。當卓別林在美國演出時，西尼結婚了，離開原來和卓別林同住的寓所。1912年10月，卓別林很高興再度赴美，翌年在費城演出。在費城，一家剛在洛杉磯成立的凱斯東(Keystone)公司提出要與他簽約。卓別林的電影時代已然來臨。

1910年，卓別林搭乘「凱恩羅娜號」(Cairnrona)郵船前往美國。上圖救生圈中是卓別林，另兩位是卡諾劇團的喜劇演員。

凱斯東公司的老闆塞納特(Mack Sennett)
在卡諾劇團的一次演出中注意到卓別林。
他覺得這個年輕演員
很有機會在喜劇電影中大放異彩。
卓別林是否想過從影？
他當時很被工資加倍的前景所吸引，
一星期可得到150美元這樣一筆可觀的薪水……

第二章

塑造角色

1914年1月，卓別林在他的第二部片中扮演查理。服裝、化妝和鬍子使這位漂亮的年輕小伙子成為一個引人發噱的小個子流浪漢，而且不久將揚名全世界。

塞納特在滑稽電影和音樂喜劇沒有獲得預期的成功，於是在1908年加盟傳記(Biograph)電影公司。塞納特認真觀察名導演葛里菲斯(D. W. Griffith)的方法，逐漸成爲劇作家和導演，專拍喜劇，而這恰好不是葛里菲斯的長處。

　　1912年夏末，紐約電影公司決定在加州設立片廠，任命他爲製片主任。

凱斯東公司的老闆：塞納特

塞納特說服了斯特林(Ford Sterling)、梅斯(Fred Mace)和諾曼(Mabel Normand)這些傳記公司的台柱跟他一

19 12年9月起，愛爾蘭裔加拿大人塞納特執掌設在加州伊登代爾(Edendale)的凱斯東電影公司(下圖)。這位製片兼導演很有喜劇天賦，但個性執拗，與公司年輕漂亮、小他12歲的女明星諾曼間的關係緊張。

起朝喜劇發展，他還在馬戲團和喜劇界，甚至大街上招募許多演員。

　　1913年9月，卓別林受聘加盟凱斯東電影公司。凱斯東公司十分自豪旗下已擁有一批高矮胖瘦或蓄小鬍子或有啤酒肚令人發笑的男演員，以及穿長裙、戴羽飾高帽的女演員。

　　凱斯東電影公司營造的喜劇世界，與20世紀的美國平民階級的生活十分契合：大馬路邊的木造房子、雜貨舖和五金舖、小酒館、破舊的小客棧、牙醫室、臥室和廚房，以及漂亮的姑娘

卓別林很快就引起好萊塢的注意。1914年起，他與幾位名製片經常保持接觸(下圖)，包括：英斯(Thomas H. Ince)、塞納特、葛里菲斯。這幾位製片領導紐約電影公司旗下的三個單位：比森(Bison)、凱斯東和里連斯(Reliance)。

Chaplin arrives at the Keystone Studios for a day's work.

和到處遊蕩的野狗,還有馬車以及在塵霧中突然出現
的汽車。

即興表演與快速拍片

1913年12月,卓別林進入凱斯東電影公司。

　　在卡諾劇團裡養成慢條斯理習慣的卓別林,對這
裡快速而隨意的作業方式十分吃驚。在這裡每星期要
拍兩部片子。

　　情節細膩的片子要在設於片廠四周的布景裡拍上
幾天,有時還要去郊區拍幾場外景。情節簡單的只需
關起門來拍幾小時。這就是所謂的「公園」戲,臨時
借用西湖公園(Westlake Park)的景色就行了,矮樹
叢、凳子,尤其是湖泊,都可用來當景。演員們技窮
時還可跳下湖去製造笑料。

　　另一種方法就是跟拍攝小組到公共場所——運動
會或遊行地點,把現場當背景。

　　卓別林的第一部電影《謀生》(Making a Living)

卓別林初到凱斯東電影公司時(左上圖),看到公司拍攝的喜劇品質粗糙,以為來錯地方,而塞納特也對卓別林希望的精雕細琢不太習慣而憂心忡忡。

由萊曼(Henry Lehrman)執導，拍得較細膩。故事情節很簡單：卓別林在片中飾演一個身無分文、機靈狡猾、一心想當記者的窮光蛋。他頭戴禮帽，身穿破舊緊身禮服，別著領結，戴單片眼鏡，蓄著一撮舞台上壞蛋常留的小鬍子。卓別林後來塑造的流浪漢就是這副模樣。

手杖加一撮小鬍子：流浪漢誕生

卓別林不甚欣賞塞納特從傳記公司帶來的導演萊曼的才幹。他認為他的拍片速度過快影響了影片的精緻度，許多精彩鏡頭被剪掉。他感到必須塑造一個新型獨特的角色。

1914年1月某天，卓別林去庫房挑選服裝，在裡面待上了不知一小時還是一整天，出來時一個流浪漢的形象就這樣塑造出來了，這個形象直到今天都還是聞名全球的銀幕主角。

卓別林在《我的一生》中坦言，他選擇這樣古怪的裝束是因為它的不協調：寬大的褲子、緊身的上衣，太小的帽子、過大的皮

卓別林創造這個新的流浪漢角色，從而在他的初期電影中注入了豐富的心理內涵和前所未有的豐富情感。因為在20世紀初，好萊塢電影塑造的下層人物的形象都很鄙俗。

鞋，再加上一根竹製手杖和一撮小鬍子。他寫道：「我一點也不知道我要演什麼角色，但穿上這套服裝，化了妝後我就知道是怎麼一回事了。我開始發現它，登上舞台時，這個形象就塑造出來了。」

卓別林的這一身打扮和形象首次出現在《梅寶奇遇記》(Mabel's Strange Predicament)一片中，他飾演一名醉漢，把一家小旅館搞得天翻地覆。

但是觀眾在上部影片《威尼斯賽車小子》(Kid Auto Races at Venice)中就看過這個流浪漢。這部電影是凱斯東公司按照習慣，在拍攝《梅寶奇遇記》那個星期利用週末下午攝製的，剪輯後發給各電影院老闆放映。

全片只有十來個鏡頭及一個笑料：一群小孩推著帶輪子的箱子奔跑，流浪漢反覆阻止攝影師(萊曼飾)拍攝這個鏡頭。流浪漢的形象、動作和某些性格特徵已展現在觀眾眼前。之後11個月內，凱斯東公司拍了35部片，查理的形象更加確立了。

諾曼是位很有才華的喜劇女演員，青少年時期就上過紐約一些雜誌的版面。1901年，她進入維塔格拉夫(Vitagraph)電影公司開始從影，後來在傳記公司結識塞納特。1912年，塞納特成立凱斯東公司，諾曼也投效其下。卓別林初進凱斯東公司時，與諾曼關係緊張。卓別林當年25歲，自以為比年僅22歲的諾曼成熟……諾曼也出現在卓別林執導的一些片子中，如《梅寶的婚姻生活》與《越來越熟》(Getting Acquainted)等。

走到攝影機背後

卓別林在銀幕上初次露面後幾個星期，就贏得了觀眾

1914年由塞納特執導的《蒂麗情史》中，卓別林飾演一個騙子。諾曼演他的女友(左圖)。喜劇名伶瑪麗‧德雷斯勒(Marie Dressler)則演一個受查理欺騙的愚笨農婦。這部長達六捲底片的電影拍了三個多月，這對凱斯東公司(下圖)來說是不尋常的。

的心，發行商的訂單紛至沓來。

　　然而，卓別林卻對導演萊曼和尼可斯(George Nichols)越來越不滿。這種局面並未因塞納特讓光彩照人充滿魅力的諾曼來領導卓別林而有所改觀。

　　後來，塞納特終於明白了，於是就讓卓別林執導自己拍攝的電影。

　　卓別林試拍的《20分鐘的愛》(Twenty Minutes of Love)和《在雨中》(Caught in the Rain)的效果都比凱斯東公司拍的好。

　　從1914年6月起，直到與世長辭，凡有卓別林出鏡的片子都由他自己執導，只有《蒂麗情史》(Tillie's Punctured Romance)例外。這是世上首部喜劇長片，由塞納特執導，11月上映，深受觀眾歡迎。

「也許我讓人覺得我們到凱斯東的片廠是來玩的，但實際上我們做了大量工作。片子拍得越多，我們在逗笑方面學到的東西越多、也越發明白拍喜劇是件很嚴肅的事。」

　　塞納特，1954年

the view of the crowd　　then gets in front of the camera

fferent pose,　　He goes off for a stroll in the

aman resorts to force.

striking poses　　and at shorter range

卓別林著名的流浪漢形象首先出現在萊曼1914年2月執導的《威尼斯賽車小子》，此片由凱斯東公司出資拍攝。這場兒童賽車的觀眾是世上首批看到他頭戴小禮帽、手執竹製手杖的人。拍攝《威尼斯賽車小子》耗時45分鐘，最後一個鏡頭是查理面對攝影機做鬼臉。1964年，卓別林在自傳《我的一生》中說：「當時，導演的原則很簡單，我只要在進場和出場時認清左面還是右面就行了。如果一場結束，從右面出來，那下一場就從左面入場。如果出去時面對攝影機，那麼進場時就要背對攝影機。」但是，卓別林等到1914年4月才自己執導第一部片《20分鐘的愛》。

卓別林的導演角色進步神速。一些片子證明他具
有探索和運用各種技術的意志。他自己剪輯、串場、
製作特寫鏡頭。他在雜耍劇上獲得的舞台經驗使他成
了畫面敘述、穿插笑料、掌握節奏方面的能手。在情
節安排上也比其他同事來得細膩。如《在雨中》和
《梅寶的婚姻生活》(Mabel's Married Life)的敘事清
楚、情節緊湊、笑料豐富。《新門
房》(The New Janitor)戲劇性強，
為1915年的《銀行》(The Bank)奠
定基礎。卓別林在為凱斯東拍攝的
最後一部片《他的過往》(His
Prehistoric Past)中重施故技，飾演
流浪漢，躺在長凳上，夢想自己是
洞穴之王。

流浪漢角色嶄露頭角

1914年12月，卓別林與凱斯東的合約期滿。塞納特和
凱斯東的母公司紐約電影公司的老闆們對卓別林的價
值心知肚明，但不願支付他提出的每星期一千美元的
酬勞。然而此時，在芝加哥和加州奈爾斯(Niles)擁有
片廠的埃森耐(Essanay)公司為他開出一星期工資
1,250美元的天價。

儘管如此，卓別林和埃森耐的關係總是起起伏
伏。片廠刻板的作風令希望得到更多自由、擁有更多
時間琢磨影片的卓別林大失所望。按照與埃森納簽訂
的合約，卓別林首部作品《新工作》(His New Job)在
攝影棚裡製作，而拍攝卻在芝加哥，如此就可省下一
大筆布景費。1915年2月，卓別林再次去加州奈爾斯
的片廠和或外景地拍攝另六部影片。後來，他租下幾

1915年上映的《新工作》中，卓別林扮演一名電影演員(上圖)，另一位主角是身材矮小，眼睛斜視的特賓(Ben Turpin)。他是美國第一位以真名走紅的喜劇演員。

個影棚，這樣工作起來就有更多自由。在埃森耐公司這段時間裡，卓別林開始建立自己的演員班底，有重量級的詹姆森(Bud Jamieson)，善演粗魯火爆的角色；身材矮小、善演花花公子的懷特(Leo White)；以及天生麗質的女演員珀維安斯(Edna Purviance)，她先擔任卓別林的祕書，後和他一起拍過30多部片，在卓別林多年的感情生活中占一席之地。

《外宿一晚》(A Night Out)是卓別林為埃森耐公司拍攝的第二部片。上圖為卓別林與片中的女主角珀維安斯在拍攝現場。

笑中帶淚的流浪漢

卓別林爲埃森納拍攝的14部
影片中，許多是小故事，
如：《公園裡》(In the Park）
和《海邊》(By the Sea)。但
有些作品則標誌著卓別林藝
術生涯中幾個關鍵階段。
《冠軍》(The Champion)就有
妙趣橫生似舞似耍的拳擊場
面。這部片預示1931年《城
市之光》(City Lights)中膾炙人口的一幕。

　　《流浪漢》(The Tramp)首次展現日趨成熟的喜劇
浪漫感人的特點。查理眼看心儀的姑娘(一位農民的
女兒)被英俊少年奪走而心灰意冷。失去愛情的痛苦
讓他備受折磨。

　　《銀行》(The Bank)再次更細膩地演繹可憐流浪
漢的故事。像《流浪漢》一樣，這部電影的主人公也
是得不到慰藉的小人物。影片結束之際，查理朝後踢
了踢腳，聳了聳肩，慢慢離去，攝影機朝他移去。這
種悽涼的結局在當時的喜劇
中算是前所未見，但在卓
別林後來的作品中就習以
爲常了。

　　《工作》中出現
一群笨拙的工人把等
待裝修的舒適房子
弄得一塌糊塗的場
景。

19¹⁵年，
卓別林已是名
滿天下，還成了
漫畫與流行歌曲中
的主角(上圖)。

Our Grand New Detective Serial: "**THE GOLDEN FANG!**" TURN TO PAGE 2.

TURN TO PAGE 2.

19 15年拍攝的《工作》中，卓別林演主角，英斯萊(Charles Insley)演他的老闆(下圖)。

這原本是卓別林在雜耍劇上表演過的一個經典場面，現在成了《工作》的新內容，感人之處在於卓別林對社會觀察入微，刻畫了學徒與暴君般的老闆間的關係和造成工人與雇主分裂的互相猜疑。

卓別林原想把這來自社會的靈感用到《生活》一片中。可惜這個計畫中途夭折了。是否因這計畫對1915年的觀眾來說太可怕了？但另部片《警察》(Police)還是用了一些鏡頭。在本片中，主人公流浪漢出獄後發現外面的世界比監獄更加冷酷無情。《生活》的故事發生在收容所裡的一晚，主角的際遇則令人想起英國插畫家克魯仙柯(George Cruikshank)筆下19世紀初倫敦下層人物，以及卓別林鍾愛的作家狄更斯的描寫。

「是詩人阿波里奈(Guillaume Apollinaire)在前線允許後帶我去見查理的。當時大家認為：成事在『天』，生命在於『戰鬥』，後退是沒有前途的，就是死亡。阿波里奈對我說：『這裡還是不錯的，你來看看吧。』我見到查理，確實不錯，因為他能與我剛離開的那齣大戲抗衡。」

法國畫家雷捷(Fernand Léger)
1926年

無賴、女人與水手

這段時期還有一些影片值得一提，如：《表演之夜》(A Night in the Show)。卓別林把他在卡諾劇團裡的一匹戰馬搬上銀幕，自己再次扮演醉漢大鬧劇場。在《女人》(A Woman)中，卓別林扮演一個婦女喬裝打扮千方百計接近情人。在《水手》(Shanghaied)中，他以一艘閒置不用的郵輪爲道具，詮釋一段充滿笑料的故事。

　　1916年，卓別林與埃森耐的合約期滿。雙方關係

緊張，導致對簿公堂，官司所費不貲。他在埃森耐最後一部片是根據名導演暨製片西席・地密爾(Cecil B. DeMille)的《卡門》(Carmen)改編而成的喜劇。卓別林得知公司在他離去後擅自增拍許多場景，把《卡門》變成長片後極爲惱火，但他還是打輸這場官司。

19 17年秋，卓別林與自己未來的電影公司的班底(左圖)在公司的廠址上。圖中右爲卓別林的哥哥西尼，中爲坎貝爾。坎貝爾爾爲繆區爾公司一位專演壞蛋的演員，1917年12月20日死於車禍。

新公司，新人馬

這場官司激怒卓別林，促使他尋求可實現個人意志、

確保獨立自主的地位。兩年內，卓別林的藝術和人物形象已為有電影院的國家熟知，即使歐洲爆發一次世界大戰也沒能使其知名度和榮譽受損，他仍是英、法兩國鬥士心中的偶像。

19 16年2月26日，卓別林在西尼的陪同下與繆區爾公司的弗羅勒(John Freuler)簽約。合約規定卓別林的週薪為一萬美元，外加15萬美元的津貼……

I AM NOW WITH "MUTUAL"

CHARLES CHAPLIN & JOHN R. FREULER SIGNING CONTRACT

西尼也移居美國，管理弟弟的事業。1916年2月，西尼與繆區爾(Mutual)電影公司簽訂一份合約，規定由繆區爾支付卓別林工資67萬美元。從沒有一個員工得到過這個天價。公司還提供卓別林專屬的位於洛杉磯科格雷夫(Colegrave)區的「孤星」(Lone Star)片廠。他在那裡組成合作班底，珀維安斯自然還是他的台柱和忠實伴侶。其他還有原屬卡諾劇團、長相凶惡的奧斯汀(Albert Austin)；神情冷酷、眉毛蓬亂的高個子愛爾蘭人坎貝爾(Eric Campbell)，擅長詮釋狡詐的角色，卓別林無法割捨)；卓別林十分崇拜的胖子演員伯格曼(Henry Bergman，是卓別林20多年來不可或缺的角色)，以及機智靈敏的攝影師托西羅(Roland Totheroh)，原在埃森耐公司任職，

伯 格曼(下圖)1916年起與卓別林合作，在他的片中出飾小角色。伯格曼向來是卓別林的助手兼跑腿。

此後一直擔任卓別林電影
的總攝影師，1936年的
《摩登時代》也是他拍的)。

革命性的拍攝手法

對卓別林來說，1916年2月到1917年6月在繆區爾度
過的這幾個月，是
他一生中最幸
運、也是他職
業生涯中最輝煌的時
期。卓別林憑藉豐富的
經驗和在戲劇及雜耍圈內學到的演技，
在27歲那年就對電影事業充滿自信，擁有完全的獨立
自主權。

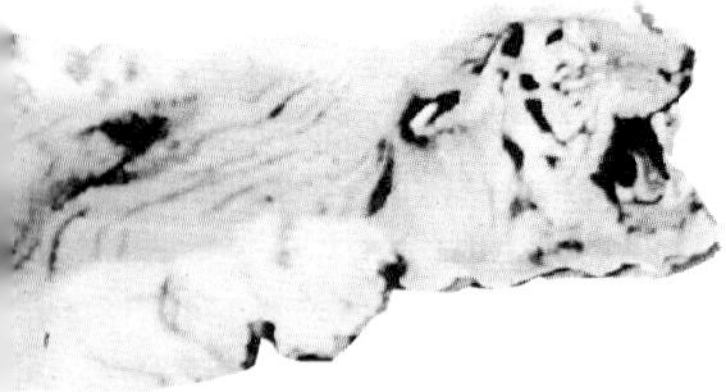

此後他的工作方法似乎頗具革命性。以往，導演
很少重覆拍攝同一場景，因為一再重來代表不可原諒
的技術災難，等於承認犯錯。1915至16年上映的葛里
菲斯的經典名片《國家的誕生》(Birth of a Nation)和
《忍無可忍》(Intolerance)用掉的膠捲比成品多得多，
但在凱斯東，即便是幾公分長的「失敗」也不允許。

《凌晨一點》中，卓別林飾演上流社會人士，把一個酒鬼喝醉後與衣架、獨腳圓桌和虎皮糾纏不清達30分鐘的可笑情景表演得淋漓盡致(上圖)。同年拍攝的《消防員》中，卓別林再次請坎貝爾出飾一角。

卓別林當家作主後就准許重拍，拍到滿意為止。這時期的電影往往耗片數千公尺長，顯示卓別林熱情細膩的拍攝風格及獨特的工作方法。故事不依事先架構好的劇本走，而是邊拍邊更改情節。凡是參觀過他攝影棚的人，如法國喜劇導演暨演員林德(Max Linder)，對這種奇怪的拍攝手法及呈現的完美效果無不感到震驚。

「——天，我經過消防隊營房，這時正好亮起火警信號。我看到消防員從桅桿上滑下，抱起救火裝置朝火災現場奔去。一系列可能的滑稽場面就立即出現在我眼前。」

卓別林
〈觀眾為什麼而笑？〉
載《美國雜誌》
1918年11月

拍攝喜劇

一些影片顯示卓別林與許多喜劇同行一樣，喜歡選一個場所或一種特殊道具當跳板，來演繹一個小故事或某個主題。例如《巡查員》(The Floorwalker)中的電梯、《消防員》(The Fireman)中的古老馬車、《幕後》(Behind the Screen)中的片廠，以及《溜冰場》(The Rink)中的溜冰場。卓別林利用這些道具和場所施展他的喜劇才華。

卓別林的藝術技巧在《凌晨一點》(One A. M.)中達到爐火純青的地步。他飾演該片唯一的角色(除了出租東司機出現過一次外)，一個喝醉、急著回家睡覺的紳士遇到種種困難和危險。逗人發笑的場面不勝枚舉，高潮迭起，令觀眾捧腹不止。

卓別林也努力增進自己變形轉

卓別林掌握製片的自主權後，獨立性越來越強烈，對笑料傾注的感情色彩也越來越濃。在1916年上映的《流浪漢》中，卓別林飾演一位流浪音樂家，解救一位被吉卜賽人綁架的年輕貌美的女孩(珀維安斯飾)，並深深愛上她。他們在樹林深處一輛帶篷馬車上過著伊甸園般的純潔生活。但就在這時，來了一位英俊的藝術家，奪走女孩的心。藝術家帶女孩回到他那富裕的家庭，令查理痛苦萬分。影片發行人覺得這個結局過於悲慘，於是卓別林就加上一個不太可信的情節：這對情人返回讓查理乘上車和他們回去。卓別林還考慮安排這樣一個結局：查理失望已極，投河自盡，被一位醜女孩毫不猶豫地跳入河中救起。笑料中始終彌漫濃濃的感情。左圖中，卓別林在為被他解救的女孩洗髮消毒。

換的本領，就是把一個東西變成另個物體，以此來製造笑料。如在《機械工》（The Machinist)中，卓別林揹著許多木椅，兩腳朝天，變成一頭箭豬的模樣。這種變裝技巧在《當舖》(The Pawnshop)中臻於化境。借款人遞給抵押貸款助理的流浪漢一只鬧鐘，這只鬧鐘一經他的手，就像受診的病人般變成瓶子、保險箱、罐頭，最後被打碎了！

1917年，卓別林在繆區爾公司拍攝的影片情節複雜，笑料豐富。《冒險家》講的是一個苦役犯躲在沙礫堆中，擺脫了獄卒的追緝(左圖為科曼〔Frank J. Coleman〕)，在逃亡途中又奮不顧身，救出溺水的珀維安斯，後來又混進一場盛大宴會。就在此時，獄卒發現他的蹤跡，新的追捕又開始了。

《溜冰場》中，各種笑料層出不窮。卓別林表現出令人難以置信的高超溜冰技術。《流浪漢》則是部悲喜劇，描述流浪漢與女主角的一段毫無希望的戀情。《伯爵》(The Count)、《溜冰場》和《冒險家》(The Adventurer)這三部片揭露社會欺詐。

《冒險家》敘述一個苦役犯騎馬裝扮成宴會的客人，把宴會鬧得天翻地覆。此片也是卓別林在繆區爾公司拍的最後一部片。

電影是一門藝術

此後，嚴苛的影評人開始認真評論卓別林的作品，評語與通常用

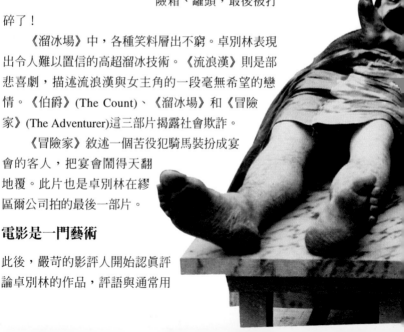

來界定喜劇或大多數電影的語彙截然不同。在《安樂街》(Easy Street)、《治療》(The Cure)，尤其《移民》(The Immigrant)放映後，「藝術家」這個字眼常被用來稱呼這位在當時還不大受人重視的電影丑角。

　　卓別林拍攝這些傑作所花的時間比先前的影片來得多。這點無疑說明了卓別林在藝術上的進步。他在繆區爾公司拍攝的頭八部電影每部歷時四星期，而最後四部則花上11個月才完成。

《治》療是部表演手法細膩的娛樂佳作。故事發生在一個礦泉療養所。主角查理是個愛酗酒的紳士，一天，他不小心把酒倒進礦泉，病人的病卻神奇般治癒了。卓別林在片中表演出色，奇蹟層出不窮。伯格曼飾演按摩師，奧斯汀演護士。像為繆區爾公司拍攝的所有影片一樣，卓別林起用身裁高大、長相醜惡的坎貝爾，讓他在片中演一個痛風患者，與自己演對手戲。他們兩人的體型對比明顯，一如勞萊與哈台。

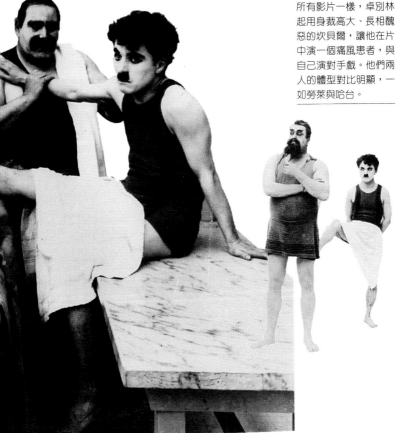

19 17年6月17日，

卓別林與國營第一電影公司簽約，
所拍影片由公司發行，卓別林任導演兼製片
他承諾第一年拍攝八部片，
然而，由於他的工作方法有很大改變，
實際上花了四年多時間才得以完成。
但是無人指責他，因為他拍了兩部經典喜劇
《大兵日記》(Shoulder Arms)
和《小孩》(The Kid)。

第三章

獨立的電影工作者

19 17年秋，卓別林成立自己的片廠，他親自鏟土為片廠奠基，並不時視察工程進度。

卓別林在日落大道(Sunset Boulevard)和拉布里大街(La Brea)的拐角處獲得一塊土地，用來興建自己的片廠，於1918年1月落成。此後就一直是卓別林在美國從事電影創作的基地。為了化解當地居民對攝影棚的疑慮，卓別林把攝影棚做了一番掩飾，看上去像一排鄉間小別墅。這些別墅至今還在。

卓別林在這裡拍攝的第一部片是《狗的生涯》(A Dog's Life)。他用象徵手法將流浪漢的日常生活與被人拋棄的雜種狗比擬，得到很好的喜劇效果。

卓別林在《大兵日記》中化裝成一顆樹。

如何嘲笑戰爭？

1917年，美國參戰。1918年4月，《大兵日記》上映。卓別林大膽探觸這一燙手主題。故事發生地在西線。他的朋友擔心這種電影引不起觀眾回響。戰壕生活、危險重重、物資匱乏、恐懼和思鄉、孤立無援的射擊手、蟲害、雨水和泥濘，這些怎能成為笑料？但是，卓別林堅信喜劇裡帶點悲劇情節會更有感召力。於是，戰爭的錯誤成為人們嘲笑的對象，最熱情的觀眾正是那些深受戰禍之害的人。

卓別林儘管成績斐然，但自從來到好萊塢後，他第一次感到才思匱竭，究其原因，毫無疑

問，是他在私生活上遇到一些麻煩。他和珀維安斯的關係已結束，但仍一起工作好幾年。1918年初，他結識一位年僅16歲的演員米爾德麗·哈里斯(Mildred Harris)。或許她有些地方令他想起初戀情人凱莉？卓別林在9月與她結婚。這是一椿注定要失敗的婚姻。一個天真少女如何成爲卓別林這久經磨礪的男人的伴侶？孩子也許能挽救這對夫妻，但小孩於1919年6月7日出生三天後就夭折了。1920年11月，他們宣布離婚，一時輿論大譁。

最令卓別林惱火的，莫過於好萊塢演員無恥地模仿抄襲了。但卓別林對前卡諾劇團的喜劇演員里奇(Billie Ritchie)卻很寬容。里奇聲稱流浪漢的服裝是他發明的(下圖及左頁左圖)。

《狗的生涯》中，查理領養一條流浪狗，取名斯克拉普(Scraps，跨頁圖是卓別林、珀維安斯與狗)。法國影評暨導演德呂克(Louis Delluc)高度讚揚這部片：「這個故事、這部電影，有如聖母哀悼耶穌之死的畫作，是最完整的電影傑作。它是經典之作，確實如此。」(載《查理》，1921年)

四歲小主角：庫甘
(Jackie Coogan)

說句有悖情理的話，失去孩子似乎反而讓卓別林重新活躍起來。

以前他費很大勁兒才拍攝一部發生在農村的小品喜劇：《光明面》(Sunnyside)，後來又沒啥信心地拍部暫名《查理野餐》(Charlie's Picnic)的新片。但兒子死後10天，他就立即開拍一部兒童片，就是後來的《小孩》。

庫甘是年僅四歲的童星，小小年紀就在父母的劇

《光明面》拍攝期間，卓別林深為俄羅斯佳吉列夫(Sergey Diaghilev)芭蕾舞團和舞蹈家尼金斯基(Vaslav Nijinsky)所吸引，而後者也為卓別林在《牧神的午後》(Afternoon of a Faun)中傑出的藝術造詣所折服。劇中，查理被一頭公牛撞倒，失去意識，夢見四位仙女把他帶去參加田園牧歌式的舞會(下圖)。1921年，《小孩》(右頁右圖)獲致極大成功。右頁左圖為卓別林自豪地與哥哥西尼及發行人合影。

團裡擔綱。《小孩》的靈感似乎部分源自卓
別林在這位小演員身上感受到的眞正魅力。
在這部名片中，一個流浪漢領養了一個遭單

身母親遺棄的小孩。他們的關係引出許多令
人發噱的情節，但也有像流浪漢不讓小男孩
進孤兒院這樣令人心酸的場面。卓別林把自
己的童年回憶也搬上銀幕，令人傷感。

　　《小孩》的拍攝並非一帆風順。爲
了尊重合約，他不得不暫時停機，先拍
攝另一部《快樂的一天》(A Day's
Pleasure)。此外，他還得把底片放在安全
的地方，以免被米爾德麗的律師拿去作
爲解決離婚問題的擔保。而卓別林在預
支發行收益上與國營第一電影公司也有
些糾葛。儘管如此，1921年，《小孩》
還是獲得巨大成功，庫甘也因此蜚
聲國際。在許多影迷眼中，《小孩》
是卓別林的一大傑作。

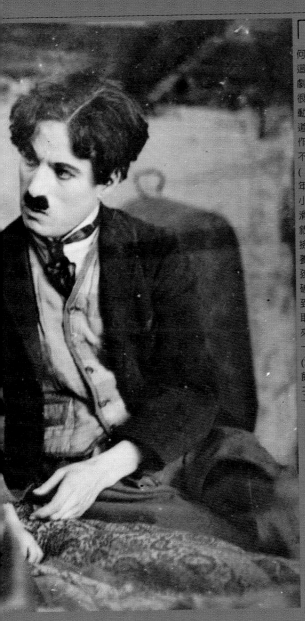

「每個孩子都有天份，關鍵是如何展現。對庫甘來說，這很容易。他要學習默劇的一些基本原則，他很快就掌握到。他懂得動作中要帶感情，也知道表示感情時要有動作。他會不斷重複但又不因此失去自發性。」(《我的一生》，1964年)。在《小孩》中，小庫甘動作誇張，表演滑稽，可圈可點。影片敘述的故事人盡皆知；撿來的孩子成了流浪漢養父許多惡行的同謀。孩子把房屋門窗玻璃打破，流浪漢就會及時趕到，建議屋主修理，索取錢財。他們的合作後來因孩子生病而中斷。一位好管閒事的醫生(漢弗特〔Jules Hanft〕飾)千方百計想打聽孩子的真實出身。

重返歐洲

《小孩》拍竣，加上離婚風波過去，卓別林重新過起平靜的生活。他決定探望他那久病不起的母親，把她接到好萊塢，但不常常和她住在一起。與第一電影公司簽下的三部片《無業遊民》(The Idle Class)、《發薪日》(Pay Day)和《朝聖者》(The Pilgrim)雖然拍得很慢，但好歹還是完成了。

　　1921年8月，卓別林拍完《無業遊民》，決定去歐洲度假。自1912年隨卡諾劇團離開英國後，他已許久未再踏上這片土地了。經過四年戰爭的洗禮，一切都變了。卓別林在倫敦和巴黎到處都受到群眾的歡迎和包圍，並獲當時許多大人物接見。在英國，他懷著朝

聖般的心情重遊童年住處。當他得知初戀情人凱莉已在三年前死於西班牙流行感冒時，神情十分沮喪。

10月回到洛杉磯後，卓別林旋即重新投入工作。1922年，《發薪日》殺青上映。這次他一反常態，在片中飾演工人，而不是流浪漢。在《朝聖者》中，卓別林扮演一個被小城居民誤認為新來牧師的在逃囚犯。影片諷刺眾人過分虔誠而招致不少惡評。這些批評心胸狹隘，還利用教會權力大肆抨擊。

明星群起反抗

1919年，好萊塢刮起一股明星反抗風。瑪麗·畢克馥 (Mary Pickford)和道格拉斯·范朋克 (Douglas Fairbanks)等演員像當時最紅的導演葛里菲斯一樣，群起反對可能形成壟斷的電影發行制度。他們聲稱受到剝削，一些工資高的明星也同聲附和。2月5日，他們和卓別林成立聯美

右頁左圖為卓別林與英國作家威爾斯(H. G. Wells)1921年攝於倫敦。左頁右圖為1920年代的遊戲「查理，跟我來」。下圖為《朝聖者》中的一景。

1919年4月17日，范朋克、卓別林、畢克馥和葛里菲斯正式合組聯美電影公司。

(United Artists)電影公司，目的是發行自己和其他希望加入這公司的藝術家們拍攝的影片。有人抱怨好位子都被瘋子占了，迫切希望卓別林擺脫對國營第一電影公司的義務。卓別林在聯美公司拍攝的第一部片是《巴黎女人》(A Woman of Paris)。這部片雖具有偉大的藝術成就，但在商業上沒有預期般成功。

　　卓別林向來希望拍攝一部悲喜劇。他誠心幫助珀維安斯振作起來，繼續獨立的藝術生涯，因為自他們分手，珀維安斯變了許多，經常酗酒，對喜劇的熱情大大消退。

一齣不受觀衆歡迎的通俗劇

卓別林拍《巴黎女人》的想法源自和佩姬‧H‧喬伊斯(Peggy Hopkins Joyce)的幾次會晤。佩姬是

個拜金名媛，以與多位百萬富翁結婚、離婚賺錢而聞名。佩姬對歐洲上流社會的印象及回憶為卓別林提供創作素材；一位年輕婦女來到巴黎，成為寡廉鮮恥的富翁情婦。幾年後，她與初戀情人重逢(他倆因誤會而分手，後來他以賣畫維生)，試圖與他恢復關係，但這企圖最終變成一場悲劇。

這種情節沒什麼獨特，是銀幕或舞台上常有的題材。但這部片自有獨到之處，那就是刻畫細膩。卓別林以前賴以製造笑料、逗人開懷的細緻入微的觀察力，在這裡又讓他得以表達劇中人物細微的心理差異。這種不誇飾的寫實風格對好萊塢喜劇影響深

門朱(Adolphe Menjou)和珀維安斯在《巴黎女人》中的演出，為社會喜劇樹立了新風格。

在柏林小住期間，卓別林結識了波蘭裔女演員波拉・內格里(Pola Negri，左頁右圖)。1923年波拉移居好萊塢，卓別林與她有過一段熾熱的戀情，有人甚至傳言他們即將結婚。在他們訂婚期間，波拉對德萊弗峰的新居(左圖)十分感興趣。卓別林稱這個新居是「加州哥德式」風格的建築。卓別林在這裡一直住到1952年。

遠。盧比奇(Ernst Lubitsch)是這方面的大師，他承認這歸功於卓別林。後來卓別林的年輕助手蘇德蘭(Edward Sutherland)、貝爾(Monta Bell)、利穆(Jean de Limur)及達瑞斯特(Henri d'Abbadie d'Arrast)也成為傑出導演。

　　很少有影片能引起報刊如此一致的關注。《巴黎女人》1923年上映後，大眾對它並不看好。報章說觀眾在卓別林身上只看到藝術，看不到笑料，是否在向觀眾潑冷水？更糟的是，他們的偶像在片中只是拿行李的小弟短暫出現，片頭字幕上甚至找不到他的名字。此片在許多國家也是招來一片指責聲，票房收入極差。卓別林深受傷害，於是在首次發行後決定不再放映。後來這部片在他去世後才配音重映，但也沒有比原來的片子成功。

貪婪的淘金者

卓別林常說他希望《淘金記》(The Gold Rush)能成為傳世之作。他在片中再次利用不好笑的題材來製造笑料，創意源自對范朋克和畢克馥的一次訪問。在他倆的別墅裡，卓別林看到一群人在克隆代克(Klondike)淘金的照片。他還讀過一則關於1846年唐納(George Donner)帶領一批勞工去加州的故事。在被大雪封鎖的內華達山脈，這些勞工處境艱難，不得不吃同伴的

1919年4月，卓別林邀請范朋克和夫人畢克馥參觀他的攝影棚。上圖是愛開玩笑的道格拉斯裝出一臉百

無聊賴的模樣。

屍體苟延殘喘。卓別林就利用這可怕的題材創作了一部感人至深的喜劇。

此片部分外景是在內華達山的特魯基(Truckee)拍攝。其餘鏡頭則在影棚內搭景完成。室內拍攝時，布景是大雪紛飛的荒原。演員穿皮大衣在加州烈日下汗水淋漓。卓別林首度起用《小孩》中演出的莉莉塔‧麥默里(Lillita McMurray)擔任女主角。她剛滿16歲，大家叫她莉塔‧格雷(Lita Grey)。片

《淘金記》中，查理隨成千上萬的冒險家去廣袤的雪原裡尋找財富，途中歷盡艱險：遭遇一頭熊；目睹一件謀殺案；還遇到一個因幻覺而把他當作肥雞、險些將他吃掉的淘金者。後來他愛上一位酒吧女郎(海爾飾，左頁下圖海報)。女郎歷經無數曲折後終於被他的真誠感動。查理意外發現金礦礦脈，頓時富有起來，好事總算有了好的結局，但他臉上卻流露出些許害怕和不安，毫無喜劇色彩。

「創作喜劇需要有悖常情，但悲劇卻能讓人們懂得應當嘲笑什麼。因為荒謬肯定是種挑戰：面對大自然我們無能為力，要不笑臉對待，要不就變成瘋子。」（《我的一生》，1964年）。《淘金記》中，飢餓製造許多笑料。卓別林在童年時深受飢餓煎熬，對飢餓很有感受。《淘金記》中有一場最精彩的戲：查理和淘金者把皮鞋當晚餐，吃得津津有味。查理的高超手藝可媲美法國美食作家布希亞-薩瓦涵(Jean Anthelme Brillat-Savarin)，把皮鞋放在水中煮，然後神氣十足地擺上桌。他像品嘗義大利通心麵似地嚼著鞋帶，像吃著肉質細嫩的魚那樣啃著皮鞋後跟，像剔除魚刺般地仔細找出鞋釘。影片中的皮鞋是用甘草製成，據說在拍攝過程中，卓別林和史旺(Mack Swain)拉了三天肚子。

《淘金記》中的麵包跳舞也許是卓別林作品中最膾炙人口的一場戲。以前和卓別林搭檔的阿巴可(Fatty Arbuckle)曾用過這個笑料，但卓別林使它具有高尚的意義。1925年，電影在柏林首映時，觀眾掌聲不斷，以致這段情節又重放一遍。其他城市也發生同樣情況。在倫敦，剛成立不久的英國廣播公司(BBC)播出一檔十分鐘的節目，節目中，觀眾在電影放映時的笑聲不絕於耳。

廠的宣傳部門謊稱她已19歲。影片拍了八個月就被迫中斷，因為眾人發現莉塔懷孕了。卓別林再度陷入倉促結婚的陷阱。這次婚姻也是注定要失敗的。

後來換上喬琪亞・海爾(Georgia Hale)，《淘金記》又復拍，1925年殺青上映。本片是卓別林在票房及影評上都獲好評的電影之一。

但卓別林在私生活上正經歷新危機。莉塔生了兩個兒子：1925年5月生的查爾斯・史賓塞(Charles Spencer)及1926年3月生的席尼・厄爾(Sydney Earle)。但卓別林卻不願回到三年前建在好萊塢德萊弗峰(Summit Drive)的漂亮別墅，因為《淘金記》首映成功後，他去了紐約。短短兩個月內，他結識漂亮聰明的女演員路易絲・布魯克(Louise Brooks)。

1942年，卓別林為《淘金記》譜上新曲，用評論代替片頭字幕：大家叫查理「好好先生」(The Little Fellow)。他還修改了影片的結局，剪去查理和海爾擁抱的鏡頭。

在鋼索上遭群猴攻擊

回到好萊塢，卓別林著手準備下部電影：《馬戲團》(The Circus)。他先設想一關鍵性的驚險滑稽場面，然後圍繞這場面構思故事的其他情節。劇中查理飾演一個替補的走鋼索演員，在底下沒有安全網的鋼索上緩慢行進。這時，他的安全繩鬆脫，一群猴子上去攻擊他，撕破他的褲子，大家發現他連緊身衣也沒穿……

故事的主人公還是流浪漢。他被警察追捕，逃到一個馬戲團裡，團員看他長相十分滑稽就把他留下當小丑。問題是他也不想如此滑稽可笑。流浪漢愛上馬戲團老闆的女兒。爲了保護女兒，性情暴躁的老闆與流浪漢發生種種磨擦。後來馬戲團來了一位新明星，極力想取代流浪漢得到這個走鋼索的位子，他的到來使他倆的戀情就此打住。馬戲團走了，流浪漢獨自一人留在馬戲場中，場上的草則被人踐踏殆盡。

籠中獅子這場戲一共拍了兩百多次……這頭獅子野性十足，卓別林後來承認觀衆在他臉上看到的驚恐表情都是真的。

走鋼索者由柯羅克 (Harry Crocker) 飾演。他是英俊小伙子，出身舊金山銀行家家庭。攝製組依繆區爾時代沿用的方法討論劇情，在會議上卓別林就捨不下他。劇情大致抵定後，卓別林就日思夜想挖掘笑料，調整下個「派別」(faction)——卓別林的片廠術語，指一組鏡頭或一連串畫面——的節奏，由場記記下各種好主意。卓別林只有在他認為主意已經夠多，足以從中得到啟發時才開始拍攝，拍完一場，開一次會，如此周而復始。

拍攝中遭遇挫折：颶風、火警與離婚

《馬戲團》剛開拍就遇到一連串不幸：颶風把定做的布景帳篷颳得東倒西歪，延誤了拍攝；一個策畫錯誤

亨利‧伯格曼在《馬戲團》中扮演小丑 (下圖)。他是從歌劇和音樂開始演藝生涯的，但他竟自吹是他教會卓別林和柯羅克走鋼索的。他在卓別林的影片中擔任作曲，但與片廠的工作人員關係緊張，大家對他的逢迎拍馬頗多微詞。伯格曼還擁有一家「亨利餐廳」，由於卓別林經常光顧，餐廳成為1920年代整個好萊塢的食堂。伯格曼最後一次出現在銀幕上是在《摩登時代》中，飾演一位高官，為一座雕塑揭幕。

使最初幾星期的拍攝幾乎作廢；開拍後九個
月，攝影棚遭遇祝融之災。還有，政府指控
卓別林欺騙稅務機關，逃漏稅款一百多萬美元。

　　也是這時，莉塔決定離開他。1927年1月10日，
莉塔提出驚人的離婚訴狀，把卓別林和他的片廠、公
司、司機、管理人員、洛杉磯國家銀行和義大利銀行
都告了。片廠受到監視，保險箱和密室都被打開。但
卓別林有先見之明，把《馬戲團》的底片藏起來。經
過專載醜聞的小報幾個月的誇張渲染，離婚官司判下

《馬戲團》的拍攝過程對卓別林來說不啻是場噩夢。1926年9月28日，一場大火燒燬影片布景。攝影師無意間拍下這位電影藝術大師察看災後現場的照片(左圖)。1927年，他與莉塔‧格雷離婚(跨頁圖是莉塔在法庭上宣誓)。但離婚沒有改變什麼。儘管當時受到重重打擊，卓別林還是一直受到許多法國電影工作者支持。他們說：「卓別林是正直的，一點也不平庸，我們對他無可指責，大家對他的批評理由都不充分。他們不知道卓別林是最偉大的劇作家，是我們這時代最偉大的故事創作者。他的演技常掩蓋了他的創作才華。大部分評論家和作家認為他是『天才的默片演員』、『出色的丑角』。這些稱號對他也是一種貶低，因為卓別林不僅是這些，他還是演員，一個傑出的演員。許多偉大演員可能與他不相上下，但是作為一個劇作家，他是唯一的，其他劇作家都無法與他比美。」(克萊爾，1929年)

來：卓別林須付莉塔60萬美元，支付每個兒子扶養費10萬美元。這在美國司法史上可算是最嚴厲的判決。

　　若說卓別林的聲譽沒有被這次醜聞玷污，那是因爲他在全世界享有極高的名望。一些女權協會曾想抵制他的電影，但卓別林在法國知識界的支持者眾，包括：超現實主義詩人阿拉貢(Louis Aragon)、默片導演克萊爾(Rene Clair)、女導演杜拉克(Germaine Dulac)和前衛攝影家曼‧雷(Man Ray)，甚至蘇聯也邀請他移民，躲避資本主義的「虛僞」。

　　影片被迫中斷拍攝八個月後，卓別林終於復拍《馬戲團》，於1928年1月上映。電影拍得清新純眞、生機盎然，令他幾乎忘了拍攝中遭遇的種種困難。

從不開口的查理

就在卓別林拍攝《馬戲團》、爲離婚而困擾時，電影

界經歷一場有聲化革命。第一部有同步錄音的電影是克洛斯蘭(Alan Crosland)執導的《唐璜》(Don Juan)，於1926年8月6日上映。第一部完全有聲的電影是《紐約之光》(Lights of New York)，福伊(Bryan Foy)導演，1928年7月8日出品。《漸入佳境》(The Better 'Ole)是第一批有同步錄音電影的一部，西尼在片中演主角。他暫時離開弟弟是為了碰碰運氣，當一回喜劇演員。

這場革命震撼了好萊塢。此後，片廠就得籌集額外資金來投資有聲設備，明星也為自己的嗓音或聲調是否與形體相稱而擔憂(因為常常不相稱)。喬琪亞·海爾就是因此而突然中斷電影事業的演員中的一例。

這問題對卓別林而言特別尖銳。他確實把默劇提升成吸引全世界觀眾的共通語言的程度，且自認比他

依照英裔美籍作家庫克(Alistair Cook)的說法，《城市之光》中的流浪漢和賣花女的初次相遇就像「水流在石頭上」一般。然而這場看上去很簡單的戲，給卓別林帶來的麻煩卻比其他場面多。他花了好幾個星期天天排練這場戲，但對維吉尼亞·徹里爾的表演還是不滿意。

人的貢獻大。但如果留住了只懂英語的觀眾，是否會有失去其他觀眾的危險？此外，每個人對人物都有自己的看法，卓別林怎能給他人規定一種嗓音？又是什麼樣的嗓音與聲調？一天，他向一群記者反駁：「有聲電影是行不通的。」1928年5月，他又著手準備拍攝一部新默片：《城市之光》。

女盲人恢復視力的故事

卓別林在影片開拍後一年多裡還在編排故事情節，他反覆構思，不斷加工、剪接，突然明白影片要講的是一位年輕女盲人的故事，對最後一場戲也有清晰的想

「《城市之光》是部理想的無聲電影，沒有什麼可讓我改變計畫，但遇到不少問題。自從三年前有聲電影問世以來，演員們幾乎把默片都忘了。他們的節奏都用到說話上，而不再是動作上了」。

卓別林
《我的一生》，1964年

法。《城市之光》的劇本架構簡單：流浪漢查理在大城市裡遊蕩，結識一個失明賣花女，兩人成爲患難之交。一天，查理得知，如果去維也納動手術，女孩的雙眼就能復明。爲了籌措經費，流浪漢先後當過清道夫、拳擊手等。這時，他救了一位酗酒後自殺的百萬富翁。富翁一時慷慨，給了查理一筆錢。查理隨即把錢交給他的盲人女友。但是富翁酒醒後忘記自己的行爲，控告查理入室行竊，致使查理鋃鐺入獄。女孩雙目復明後開了一家花店。她想念那位她不曾看過、但想必十分富有而極具魅力的恩人。查理出獄後比過去更加潦倒。他站在花店外，出神地看著店舖的陳設。就在她朝他走來時，他差點兒逃走。在遞給他一朵花和一枚硬幣時，她碰觸到他的手而認出他。他們對視許久，銀幕上打出他們的對話。

卓別林不太欣賞女演員維吉尼亞·徹里爾。他覺得她太汲汲於追求名利，工作不夠認真。如果說她在電影中的表現還算令人信服的話，那是因爲卓別林對她下了很多功夫。

《城市之光》的喜劇效果大半源自嗜酒如命的百萬富翁這一角色(左圖,資深演員邁爾斯﹝Harry Myers﹞飾)。擔任《大獨裁者》助理導演的年輕作家詹姆斯(Dan James)這樣評論卓別林:「他也許從沒讀過馬克思的書,但在《城市之光》裡,他對百萬富翁的看法與馬克思對商業圈的人的觀點十分相像……卓別林對此提出很棒的隱喻。他是否意識到這一切的社會意義?我不知道。他確實已經『抓住了』。」

「是你?」她問道。他點點頭:「你現在看得見了?」

　　這部片拍了很久,而且困難不少。卓別林對有聲電影革命很擔憂。他的母親於1928年8月28日影片剛開拍時在好萊塢一家醫院去世,他哀痛逾恆。

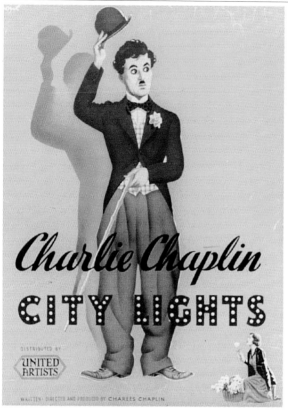

卓別林的名望吸引眾多人前來參觀他的片廠。每次客人來訪都被拍成影片並攝影留念，作為片廠的檔案。右頁右圖為1930年邱吉爾在《城市之光》的拍攝現場。在歐美，電影的首映是件大事。例如在洛杉磯，電影界龍頭都匯集在新建的百老匯電影院觀看；在紐約，卓別林的客人中有愛因斯坦伉儷(上圖)；在倫敦，愛爾蘭知名劇作家蕭伯納(右頁左圖)也出席首映禮，卓別林在他身旁顯得有點拘謹。

他仍持續開發新想法，但脾氣變得更壞。柯里克此時與女明星維吉尼亞・徹里爾(Virginia Cherrill)都被他辭退了。不過他和喬琪亞試了幾場戲後，還是決定用維吉尼亞，而她也趁機提出加薪的要求。

音樂與音效

《城市之光》拍了21個月，期間還停拍好幾次。1930年底剪輯完畢。此時的電影都應是有聲的，因而需同步錄音。卓別林在音效使用上別出心裁，如劇中有場

查理吞下哨子的滑稽戲，卓別林像說腹語般讓人覺得音樂聲是從肚子裡發出來。在那場為雕像剪彩的膾炙人口的戲中，演講者的聲音用薩克斯風的高音代替，以此來影射和諷刺初期有聲電影蹩腳的聲音品質。

卓別林親自為《城市之光》譜曲，震撼了影壇和

別林在《我的一生》中寫道：「我終於拍完《城市之光》，只剩下錄音問題了〔…〕我盡力為這喜劇譜寫高雅浪漫的音樂，好更能對映出查理這一小人物。」他希望音樂能成為一種「充滿高雅魅力的對位法作品」。下圖是卓別林在拉小提琴。卓別林是左撇子，他的提琴琴弦是反裝的。

觀眾。此後所有與他合作共事的人都十分尊崇他的天賦、嚴謹作風和敬業精神。《摩登時代》、《舞台春秋》等後來幾部片的配樂都是甚受大眾喜愛的曲目。

倫敦、柏林、巴黎：
從邱吉爾到愛因斯坦

1931年2月，卓別林在洛杉磯和紐約初戰告捷後啟程前往倫敦宣傳《城

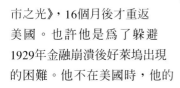

市之光》，16個月後才重返美國。也許他是為了躲避1929年金融崩潰後好萊塢出現的困難。他不在美國時，他的

片廠大規模裁員，連他最忠誠的攝影師托西羅也不能倖免。

在倫敦，卓別林鼓足勇氣舊地重遊，首度回到漢威爾孤兒院。他臨時決定為孤兒放映電影，孩子們極為高興；但卓別林沒有履行再去看他們的諾言。卓別林離開英國後還訪問柏林、維也納、威尼斯、巴黎(在那裡獲頒榮譽勳章)、蔚藍海岸、阿爾及利亞、西班牙、新加坡和日本。1932年6月才重返好萊塢。

旅途中，他受到許多大人物熱烈歡迎和款待，拜訪過英國首相邱吉爾、法國政治家白里安(Aristide Briand)、比利時國王、威爾斯親王和甘地，會晤愛爾蘭劇作家蕭伯納(George Bernard Shaw)、愛因斯坦、女星瑪琳‧黛德麗(Marlene Dietrich)和法國作家考克多(Jean Cocteau)。他還有一連串風流韻

事，其中有位叫梅‧里弗斯(May Reeves)的女孩後來還在《密友卓別林》一書中披露他們的戀情。

《摩登時代》：揭露機械化的弊端

回到美國一個月後，卓別林愛上離過婚的21歲明星寶蓮‧高達

(Paulette Goddard)，眞名叫寶琳・萊維(Pauline Levy)。卓別林讓她在後來兩部片中演出，最後還娶她。周遊世界讓卓別林看清蕭條的後果，感到歐洲國家主義的危險。他很擔心世界經濟危機，向記者坦言：「失業是攸關生死的問題〔…〕。人類應當善用機器，但機器不意味著悲劇和失業。」

　　儘管卓別林聲稱對這類主題的影片不屑一顧，並爲揭露宣傳的謊言而盡力，但這些思考對他1936年的《摩登時代》毫無疑問是有影響。像千百萬人一樣，查理也必須面對1930年代的問題：貧困、失業、罷工

在《摩登時代》中，查理是個在不斷滾動的輸送帶上拴緊螺帽的工人，後來發瘋了。他在工廠裡到處奔走，見到像螺帽的東西，如婦女裙上的鈕扣，就去拴緊一番。

「在查理眼裡，無產階級的特點就是貧窮。他表演中的人性力量就源於此，他在政治上的曖昧也是基於這個緣故。這點在《摩登時代》這部頗受人讚賞的影片中十分明顯。查理不斷觸及無產階級這個命題，但在政治上從未接受過。他讓我們看到盲目的、受蒙蔽的無產階級者，他們的行為受需要這一直接的本能所支配，完全受制於主子(老闆和警察)。在查理眼裡，無產階級者是一群飢餓的人。查理面對巨大的三明治、川流成河的牛奶、只咬過一口就被隨意扔掉的水果，演出的飢餓技巧實在令人嘆服。吃老闆汽油的機器只能提供一些毫無滋味的小塊食物，簡直微不足道。」

法國符號學家
羅蘭‧巴特
(Roland Barthes)
《神話學》
(Mythologies)
1957年

和反罷工、政治上排除異己、全面機器化、毒品等。

片頭字幕：「工業與私人企業的歷史──人類追求幸福的十字軍東征」後出現象徵性的剪輯畫面：一群綿羊接著是群下班離廠的工人……查理只是其一，被黏在滾動的輸送帶上，和巨大機器的齒輪綁在一起，是另部吃人機器的實驗品。這是用縮短吃飯時間來提高生產效率的自動飲食制度。他失去理智。

最後一部默片：查理銷聲匿跡

卓別林於是決定做一件非做不可的事：錄製幾場有對

卓別林在準備拍片時寫的日誌中，確定了《摩登時代》的兩個主人翁：查理和由寶蓮·高達飾演的淘氣女孤兒，他們是「自動裝置世界中僅有的兩個活精靈。」

話的戲，然後就洗手不幹了。《摩登時代》像《城市之光》一樣，基本上是部有音效、由自己創作的音樂伴奏的無聲電影。影片中，只有最後一場，即結局那場戲才首度聽到卓別林的聲音：查理取代酒吧歌手唱歌的聲音。查理把歌詞寫在襯衫袖口上，但袖子在做第一個動作時就飛掉了。他在失去這一依靠後，只得臨場發揮，模仿義大利歌曲的韻腳，用動聽的男中音胡亂地唱著。

　　《摩登時代》是好萊塢拍攝的最後一部默片，也是查理這位流浪漢最後一次出現在銀幕上。

電影的結局是這對夫婦手挽手在鄉間道路上朝前方緩緩走去。字幕上寫：「我們就要解脫了。」

記者和漫畫家常指

卓別林與希特勒之間有奇妙的巧合。

他倆一個受世人愛戴,一個則為世人憎恨。

兩人都生於1889年4月,相差只有幾天,

且都蓄有小撮鬍髭,但只有一人的鬍子是真的。

甚至有人聲稱是希特勒模仿卓別林,

目的是想利用他的名望……

1940年,《大獨裁者》一片引起轟動。

第四章
流浪漢之後

卓別林常常同時兼任兩部電影的主角:在《大獨裁者》中飾演漢克爾,又在《舞台春秋》中演失敗的雜耍劇演員(左頁)。

《摩登時代》上映後，卓別林明白再也不能無視有聲電影了，於是就醞釀幾個拍攝計畫，但都未能實現，其中有《拿破崙的一生》。1938年，他以希特勒為題材拍了一部內容豐富的電影。

拿破崙對卓別林別具吸引力。1930年代，卓別林曾寫過兩部不同的劇本，甚至打算扮演這位流放的皇帝(左圖)。

「拍片嘲弄瘋狂納粹殺人犯」

第二次世界大戰前夕，卓別林對他稱爲統治世界的「不良方式」深感不安，決定用他所掌握的唯一武器——喜劇來加以抨擊。他在《我的一生》中寫道：「如果知道德國集中營裡的恐怖眞相，我就不會去拍《大獨裁者》了，也不會拍片嘲弄瘋狂的殺人犯。」幸好他沒有放棄原來的打算，於是就有了《大獨裁者》這部電影。

　　這是卓別林拍的第一部有對話的電影，令他重新檢視自己的拍片習慣。他從外面請來一批技術人員。從經濟角度考量，有聲電影中的演員不可能在情節和笑料間歇時彼此交談。此後，卓別林就得按照明確的劇本不停工作。從前以開會討論來決定某些想法或笑料的做法對劇本寫作影響很大。《大獨裁者》的劇本是好萊塢影史上最詳盡的劇本之一，共有三百多頁，按情節分成好多鏡頭，且都小心翼翼編上號碼。

《大獨裁者》：挑戰世界

早在1938年，卓別林就已確定該片的中心思想。一個小個子猶太剃鬍匠偶然間替代了與他十分相像的大獨裁者漢克爾（Adenoid Hynkel）。劇本的初期記錄中還有漢克爾和另一獨裁者納帕洛尼（Benzino Napaloni）──漫畫式的墨索里尼之間的勾心鬥角。儘管今天我們看到幾場戲中納粹突擊隊被描繪得像小丑而有點不舒服，但是卓別林在《大獨裁者》中許多創新之處還是令人難忘的。如：小個子剃鬍匠在西線戰場，但身旁是一門大砲和一架飛機。這個戰場已被放棄，但無人告訴他戰爭的結局。又如漢克爾

為了準備拍攝諷刺希特勒和墨索里尼的電影，卓別林研究當時的時事新聞。他與奧基（Jack Oakie）在片中維妙維肖地模仿希特勒和墨索里尼（左頁），把墨索里尼對剃鬍匠和漢娜（寶蓮・高達師，上圖）的暴行，以及希特勒（下頁中圖）的演說風格搬上銀幕。

抱著地球儀跳舞，等等。剃鬍匠代替大獨裁者站在講台上發表最後一次演說，影評對這一幕意見紛紜。反動派指這是為共產黨宣傳，激進派則認為這種表現方法過於天真。50多年後，這飽含簡單真理的文本仍令人感動。

在美國當時的情況下，卓別林拍攝《大獨裁者》冒了很大風險。孤立主義或親法西斯主義的勢力讓好萊塢不敢拍攝公開反對納粹的影片。羅斯福總統曾說這部電影可能損害美國的對外關係。

1940年10月，《大獨裁者》上映。影片受到大眾普遍歡迎，尤其在戰時的英國更是如此。但也引起保守的美國對卓別林的敵視。此後的十年是卓別林電影生涯和私人生活最黑暗的時期。

聯邦調查局(FBI)竭力反對卓別林

1922年起，胡佛(J. Edgar Hoover)和他領軍的調查局(聯邦調查局的前身)開始對卓別林感興趣。這個外國人登上好萊塢頂峰，但從未想取得美國籍，他拍的電影的性質很自然吸引了進步的知識份子，因而十分可疑。卓別林的獨立色彩濃厚，沒參加任何政黨，但在1920年初紅色

恐怖猖獗時期，以及後來的冷戰時期，聯邦調查局還是拼命想證明卓別林和共產黨的關係，但都徒勞無功。

1942年5月，在舊金山一次支持戰時蘇聯的集會上，有人要毫無準備的卓別林取代一位發言人上台演說，從此他對公開演說感到興趣。以後，每當他有關戰爭的會議，如開闢第二戰場、成立「藝術家勝戰陣線」、「用藝術支持蘇聯」、「支持我們的俄國盟友」等會議時，都有一種完成愛國主義責任的感覺。

聯邦調查局人員對他每次無關緊要的講話都十分注意。當卓別林不小心稱聽眾為「同志們」時，他們就會因此得出一個荒誕的結論……

瓊・貝瑞(Joan Barry)事件

聯邦調查局處理這事件的手段極為陰險，向合作的記者提供一些足以令卓別林身敗名裂的文件，如20多年前《眞理報》(*Pravda*)刊登讚揚《朝聖者》一

片的評論文章。1943年，卓別林不情願地和瓊‧貝瑞結婚。瓊是卓別林在1941年認識的年輕女演員，當時他覺得她很有吸引力，對她的藝術才能也很欣賞。但不久就發現她有點精神失常，十分危險。一天，她用手槍威脅他。卓別林於是給她母親兩張火車票，讓她帶女兒去紐約。但是瓊仍給不斷他惹麻煩，後來又開始替聯邦調查局工作。

　　聯邦調查局策畫了一場破壞卓別林和其他人名譽的活動，指控他們串通剝奪瓊的公民權，說他們違反1910年通過的禁止出於不道德的目的讓婦女穿越州界的曼恩法案(Mann Act)。聯邦調查局就是這樣解釋卓別林提供火車票這件事的。然後調查局又唆使瓊對卓別林提起訴訟，說他是即將出生的孩子的父親。雖然後來孩子出生後的血液化驗證明並非如此，但法庭不承認這個證明。由11名婦女和一名男子組成的陪審團認定卓別林有罪。

　　這起卑鄙訴訟案的審理從1943年持續到45年初，諷刺的是，這段期間，卓別林遇到美國名劇作家尤金‧歐尼爾(Eugene O'Neill)的女兒歐娜(Oona O'Neill)，並在1943年6月16日與她結婚。

1943至45年，瓊‧貝瑞控告卓別林的官司是聯邦調查局詆證中傷卓別林的醜惡陰謀。1944年2月14日(下圖)，卓別林穿過聚集在洛杉磯聯邦大廈走廊的攝影記者包圍，出庭應訊。瓊‧貝瑞的證據極不可信，聯邦調查局把瓊那位嗜酒如命、吵鬧不休的母親當作慈母推上法庭作證，結果成

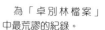

為「卓別林檔案」中最荒謬的紀錄。

往後的34年裡，歐娜給了他愛、忠誠和平靜，這是卓別林以前從未有過的。他們的第一個孩子裘拉汀(Geraldine)生於1944年8月1日，第八個也是最後一個孩子克里斯多福(Christopher)生於1962年7月8日。

《維杜先生》的罪行

卓別林出庭應訊，為自己的行為提出解釋。他的律師吉斯勒(Jerry Giesler)站在他身邊。訴訟結束後，對他提出控告的瓊・貝瑞很快就精神崩潰了。雖然她已為人妻，且有

就在此時，卓別林著手拍攝另部新片：《維杜先生》。1942年，名導奧森・威爾斯(Orson Welles)有意拍攝一部關於憤世嫉俗之人的黑色喜劇。他同意轉讓給卓別林拍攝，條件是要卓別林支付他五千美元，並在片頭字幕上寫明「根據奧森・威爾斯的創意拍攝」。卓別林認真編劇，拍攝工作安排得十分緊湊，

孩子，但還是被送進精神病院，後來再也沒有人見過她。不久前，連她自己的孩子都不知道她是否還活著。

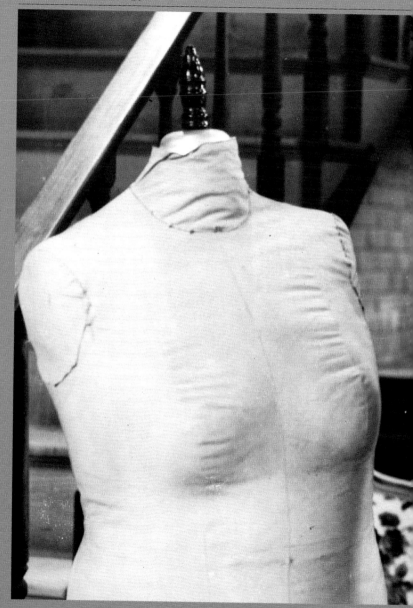

卓別林說《維杜先生》是齣「謀殺喜劇」。寡廉鮮恥的故事正是卓別林新近的親身遭遇，令人相信卓別林對排他的麥卡錫(Joseph McCarthy)主義日益猖獗的美國已經徹底失望。主人翁維杜先生是位盡心盡力照顧殘疾妻子的模範丈夫、稱職的好父親，也是1930年代生活在鄉下受人尊敬的好村民。但他也是個憤世嫉俗、性情殘忍的人。1947年影片上映，卓別林向記者坦陳己見：「維杜先生認為謀殺是事件的延續。從這個意義上來說，他反映了我們這個時代的感情——災難孕育了像他這樣的人，將抑鬱和精神紊亂人格化了。維杜是個失意痛苦的人，最後成為悲觀主義者，但他從不病態，電影也不病態〔…〕。在某種情況下，謀殺也可以是喜劇。」

創下了卓別林用最短時間拍電影的紀錄：從1946年
5月21日到9月5日，只用了80餘天。他接受法國助
手弗洛黑(Robert Florey)建議，在片廠建造一個戰
前巴黎。

影片匯集許多女明星：雷(Martha Raye)、埃爾
桑(Isobel Elsom)、霍夫曼(Margaret Hoffman)、貝內
特(Marjorie Bennett)、塞欣斯(Almira Sessions)等。卓
別林在劇中飾演彬彬有禮的銀行小職員，在金融崩潰
中失去工作後，投入一項更有利可圖的營生：娶個富
有寡婦，然後擺脫她。他在被捕後泰然自若地登上斷
頭台，大義凜然地指責在老實人餓死、軍火商暴富的
社會裡司法制度的邏輯。

儘管電影講的是1930年代的法國，但處於冷戰時
代保守的美國，對維杜這場精彩法庭戲中流露出無所
顧忌的無政府主義仍深感刺痛，於是對影片進行審
查，要求卓別林修改劇本中具顛覆性的情節。但在最
後定稿時，卓別林還是把維杜這段話保留下來：「一
次謀殺只能製造一個殺人犯；殺人無數卻能造就一個
英雄。數量能夠造神，我的好朋友！」

維 杜先生被受害者的姊姊(上圖)認
出並受到指責時既不吃
驚也不擔心。在被帶往
斷頭台(右頁)前，他要
求見一下牧師。牧師對
他說：「願上帝寬恕你
的靈魂。」維杜達觀地
回答：「為什麼不呢？
歸根結柢，我的靈魂是
屬於祂的。」這段對話
表明卓別林對天主教退
伍軍人組織等保守勢力
的敵視態度。

好萊塢的獵女巫行動

美國保守份子早已受到聯邦調查
局的造謠和貝瑞案所煽動，卓別
林這席話更使自己成了這些保守
份子的理想靶子。部分觀眾爲了
表示不滿，於1947年4月11日參
加這部片在紐約的首映。翌日的
記者會，就成了針對卓別林的一
場大審，他被質疑其政治立場、
忠誠，以及與知名共產黨人如作
曲家艾斯勒(Hanns Eisler)的友誼
等。

《維杜先生》推出時，適
逢「反美活動調查委員會」在
電影界開始調查之時。

這對好萊塢來說不啻是個
噩夢。卓別林被要求到庭應

訊。但庭訊三次延期，最後還是取消了。是否因為委員會風聞卓別林要以流浪漢的形象出庭，讓調查變成笑柄？卓別林從不隱瞞自己的觀點和原則，毫不在意那些製造醜聞抹黑他的報界。在驅逐艾斯勒的訴訟程序剛開始時，他組織過一次法國藝術家在巴黎美國大使館前的示威遊行，給畢卡索發過一份電報(據聯邦調查局的說法，畢卡索「自認是共產黨人」)。這些行動表明，卓別林在深受狂熱的偏執情緒影響的電影王國裡，越來越感孤立。

老丑角的最後演出

《舞台春秋》讓卓別林得以遠離美國1940年代末的經濟蕭條。這部片1948年準備開拍，標誌著卓別林重返倫敦，重新登上青年時代的舞台，充滿著思鄉情愫和無限惆悵。

卓別林在片中飾演得不到任何角色的失敗老喜劇演員卡凡洛(Calvero)。他在寄宿的公寓裡救了一位企圖自殺的芭蕾女伶泰莉(Terry)，治好她的癱瘓，幫助她重返舞台，最後她成為帝國劇場的台柱。而他自己卻失敗了，沒能再上舞台。泰莉相信自己愛上這位救過自己生命的好人，但卡凡洛此時卻不見蹤影，因為

《舞台春秋》中的背景、人物和某些情節，其靈感源自卓別林的童年和他父母的婚姻生活。但影片的主題，即卡凡洛(左圖拉小提琴者)在善變的觀眾面前的苦澀無奈，也是卓別林的寫照。1950年代，過去對卓別林讚不絕口的人都因聯邦調查局的誹謗中傷離他而去。右頁為卡凡洛和女舞伶泰莉(克萊爾·布魯姆飾)。

《LIMELIGHT》

他知道她愛的是才華橫溢的年輕音樂家內維爾（Neville），他是泰莉演出的芭蕾舞劇的作曲家。

幾個月後，他倆又重逢了。卡凡洛在一次向他致敬的豪華晚宴上心臟病發作，倒在舞台一側，他最後一次征服了觀眾。就在此時，幕拉起，泰莉登台，在內維爾的芭蕾舞劇中翩翩起舞。幕啓的標題台詞是：「迷人的聚光燈之下，新人登場，老人就得退位。」

《舞台春秋》為兩位喜劇巨星提供在銀幕上相遇的機會。巴斯特·基頓(Buster Keaton)與卓別林的幾場對手戲膾炙人口。自有聲電影問世，基頓的藝術生涯就開始走下坡，而他酗酒的毛病絲毫沒有收斂。片中他的喜劇天賦令他晚年聲譽再起，重新引起觀眾注意─儘管這對卓別林來說有點不利。98頁中飾卡凡洛的卓別林在一齣雜耍劇中扮演勞伊爾(Loyal)先生。99頁在芭蕾舞劇《哥倫賓和阿爾坤》中扮演小丑。

令人難忘的卡斯

卓別林讓一位20歲的女演員克萊爾‧布魯姆(Claire Bloom)飾演泰莉，其他角色則由卓別林的家屬分擔：莉塔‧格雷爲他生的兩個兒子席尼(26歲)和查爾斯(27歲)分別飾演內維爾和小丑。

他和歐娜生的前三個子女裘拉汀、約瑟芬(Josephine)和麥可(Michael)在一場街戲中扮演三個遊手好閒的人。劇中，裘拉汀說了她從影後的第一句台詞。歐娜也充當克萊爾的替身短暫亮相。在卓別林作曲的一場芭蕾舞中，他起用紐約兩位知名女舞伶艾格列夫斯基(Andre Eglevsky)和海登(Melissa Hayden)。

巴斯特‧基頓在片中擔任卡凡洛的搭檔。他的　　生動感人，令人難忘。美國默片兩位最負盛名的喜劇演員第一次同台演出，一個演小提琴手，一個演伴奏者。據參加拍攝的人說，他倆都力圖超越對方。

「我放棄在美國的寓所」

爲了向歐娜和孩子們展示故鄉——在他眼裡，英國這時不會缺少新魅力——卓別林決定到倫敦舉行《舞台春秋》的全球首映。1952年9月17日，卓別林全家登上「伊麗莎白女王號」。輪船啓航兩天後，電台廣播說美國司法部長取消卓別林的返美簽證，如果他要回去，將按移民法規定，以「基於品德、健康、精神病的原因，或宣傳共產主義、與共產主義或親共產

《舞台春秋》女主角的選角使卓別林大傷腦筋，他最後選擇英國演員克萊爾‧布魯姆。她是劇作家勞倫茨(Authur Laurents)推薦的，勞倫茨在倫敦看過她主演的改編自法國劇作家阿努伊(Jean Anouilh)的戲劇《城堡之邀》(L'Invitation au Chateau)。

主義的組織合作」的理由拒絕他入境。

　　但當局也知道，如果卓別林還是選擇返美，沒有理由可以拒絕他入境。聯邦調查局在卓別林的檔案裡寫道：「卓別林回美可能動搖移民局及司法部的基礎。」但驚慌失措是大可不必的，因為卓別林再也不會在美國生活和工作了。

　　1953年4月，卓別林交回了返美許可，宣稱：「我曾經是保守集團中傷和惡毒宣傳的目標。保守集團透過其影響力，並獲得煽動性媒體的支援，製造出一種不健康的氣氛，讓有自由思想的人備受歧視和迫害。在這種情況下，我根本不可能繼續我的電影工作，因此我宣布放棄我在美國的寓所。」

1952年，卓別林登上「伊麗莎白女王號」郵輪去倫敦，這是自他1914年離開■■後第三次返回歐洲，上次返歐已20多年。也許這次返歐會使他永遠離那讓一個移民成為舉世皆知人物的美國。

舉家定居瑞士

　　英國像迎接一位民族英雄般地接待卓別林，同時幾乎一致譴責美國的態度。1952年10月23日，《舞台春秋》在倫敦首映，成為值得紀念的一件

大事。評論界對卓別林其他影片也表現出極大熱情。與他剛離開的美國相比，童年時期居住的國家對卓別林來說似乎更安全熱情。但是，英國的稅法太過嚴苛，他不考慮在英國永久定居。

　　1953年1月，卓別林舉家遷居瑞士，住在科齊埃-韋維(Corsier-sur-Vevey)的馬努瓦‧德‧邦(Manoir de Ban)，直到辭世。他的夫人歐娜持有美國護照，偶爾去加州處理一些財務問題。不久，他們把在美國的房子和片廠賣了，而卓別林與美國這他在其間生活了約40年的國家的關係就完全斷絕了。

一位理想破滅、遭罷黜的國王

雖然失去片廠，卓別林仍決定繼續拍片。1955、56年間，他準備拍攝新片《紐約之王》(A King in New York)。製作這部電影需要很大的決心，因爲他曾在安全自主的環境中，和志

《紐約之王》是卓別林在美國本土以外拍攝的第一部電影。沙赫多夫是位被放逐的君王，正遭受種種政治壓力。他身無分文，又面對他不習慣的生活方式。他與分裂份子的兒子過從甚密，因而受到指控，不得不接受「反美活動調查委員會」的庭訊。右頁兩個令人捧腹的鏡頭中的女主角是唐‧亞當斯(Dawn Addams)。

Charles Chaplin
A King in New York
Dawn Addams

同道合的夥伴一起工作了很久，現在卻要租借攝影棚，和一些不了解他工作方法的陌生人打交道，還要在倫敦盡可能忠實重現紐約。但他努力不懈，歷經種種艱難險阻，終於拍完這部片，獲得一致好評。

《紐約之王》描述被革命摧毀的中歐小國

卓別林自拍攝《城市之光》起，養成親自為影片配樂、為觀眾熟悉的民歌重新填詞的習慣。他有很好的音感，無師自通，學會演奏小提琴、大提琴和鋼琴。104頁為1957年，卓別林指揮樂隊，為《紐約之王》配樂。105頁為卓別林彈鋼琴。

的國王沙赫多夫(Shahdov)到美國逃 ⋯ 1965 ，哥
影從各方面看都是一部代表作。

　　此片是第一部企圖反映美國冷戰 「狩
巫」行動之不公與偏執狂的電影。他 ⋯ 的
力武器是逗笑和誇張。1957年秋，電影在歐 上映，
但在美國上映卻是20年以後的事。

電影鉅子的自傳

年近70歲的卓別林不願無所事事。1958年，他編了一
部影片集《卓別林喜劇》(The
Chaplin Revue)，由《狗

的自傳。他的長
⋯ 汀、長子麥可於
1964年離開家庭獨立生
活。照片中自右至左、
按年齡長幼順序為：約
瑟芬、維多利亞、尤
金、珍(Jane)、安妮特
(Annette)。坐
在拍攝《城市之
光》時用過的
沙發上的是克
里斯多福。

的生涯》、《大兵日記》和《朝聖者》組成，還包括他在好萊塢片廠拍片時的幾個生活片斷。他還親自為影片作曲和錄音。這些紀錄片攝於1918年，都很風趣幽默，很吸引人。卓別林利用它們為《如何拍電影》一書配圖，但他未寫完這部著作，1981年由布朗洛(Kevin Brownlow)和吉爾(David Gill)完成。

　　卓別林從1959至64年花了六年時間寫自傳。他堅持親自撰寫，不要他人幫助，也不假他人「捉刀」。他用寫劇本慣用的手法，即向祕書口述，再用鉛筆在手稿上大量修改，重新打字後再反覆推敲至滿意為止。《我的一生》篇幅浩瀚，內容翔實，是部出色的回憶錄。

卓別林晚年除了繼續完成各項計畫外，特別關心家人，為孩子們營造出他自己從未有過的家庭氣氛。上圖為卓別林在瑞士科齊埃-韋維這幢19世紀漂亮的花園別墅裡，興致勃勃地用16釐米攝影機拍攝家人。有時，他還會臨時編些小故事，登台表演一番。

第一部彩色寬銀幕電影

1960年代，卓別林熟悉的一些人消逝了。1958年，珀

維安斯去世；1960年，塞納特與世長辭；19□□

哥西尼謝世；1967年，托西羅告別人間；1968年，長

子小查爾斯英年早逝，得年43歲。

1965年，卓別林宣布拍攝新片《香港女伯爵》(A Countess from Hong Kong)。76歲高齡的卓別林居然還敢提出新挑戰，不脣與時間抗爭。這是他第一次為大公司——環球(Universal)電影公司工作，也是第一次拍攝彩色寬銀幕片。許多世界級巨星如馬龍・白蘭度(Marlon Brando)、蘇菲亞・羅蘭(Sophia Loren)等，都應邀在片中擔綱。而卓別林本人則像40年前拍攝《巴黎女人》時一樣，在片中只是跑跑龍套，演個暈船的年邁侍者。

在倫敦拍攝期間，擔任導演的卓別林和馬龍・白蘭度關係緊張。原因是白蘭度不適應卓別林的領導方法，卓別林一向喜歡演員複製他的方法去詮釋角色，示範每一個手勢和對白。蘭度還指責卓別林對在片中演小角色的兒子席尼態度蠻橫。影片快拍完時，兩人的關係緊繃到要透過製片愛普斯坦(Jerome Epstein)才能溝通的地步……

《香港女伯爵》的劇本是卓別林在1930年代寫

1967年，卓別林推出最後一部電影：《香港女伯爵》。此時他年事已高，但絲毫不顯疲倦。他與義大利女星蘇菲亞・羅蘭(左圖)關係很好，但和馬龍・白蘭度就不是這樣了。

蘇菲亞・羅蘭在《香港女伯爵》中飾演30年前寶蓮・高達演過的角色。卓別林一如往常親自為影片配樂。

的但從未寫完的《偷渡者》(Stowaway)。描述在香港當舞女的俄國貴族，偷偷溜進美國大使包廂的經歷。

遭受影評抨擊

影評認為這部娛樂喜劇與美國導演麥克·尼可斯(Mike Nichols)的《畢業生》(The Graduate)、亞瑟·潘(Arthur Penn)的《我倆沒有明天》(Bonnie and Clyde)、西班牙導演路易·布紐爾(Luis Bunuel)的《青樓怨婦》(Belle de Jour)和法國導演高達(Jean-Luc Godard)的《週末》(Week-end)相比，似乎有點過時。1967年1月2日，該片在倫敦首映，輿論顯得很無情。幸好歐洲其他地方的反應還不錯，令他大大鬆了口氣。但讀了這些他一生中受到最嚴厲的批評後，卓別林十分失望，苦澀地明白他已無可挽回地步入晚年。

但這些並不能阻止他投入另個新計畫：拍攝《怪物》(The Freak)一片。電影用悲劇形式描繪一個年輕女子的故事：一天早晨，女┄┄┄時發現自己長出翅膀。卓別林讓第三個┄┄亞(Victoria)出飾這角色。卓別林說┄┄了他的喜劇才華，比其他孩子都強。┄┄┄離開家庭，嫁給蒂埃里(J┄ Baptiste Thierrée┄┄┄卓別林┄┄┄┄┄一日拍成電┄┄

最後的┄┄

1970┄┄┄┄┄
工作的┄┄┄。他┄┄
《巴黎┄┄》┄┄配樂。

在無人攙扶下獨自行走，但仍堅持去片廠監督錄音。

在他的晚年，全世界似乎都在競相向他致意。1971年，坎城影展爲表彰他的貢獻，頒發特別獎給他，授予他第三級榮譽勳章；後在威尼斯影展獲得金獅獎。

1975年，英國女王伊莉莎白二世授予他騎士勳章，卓別林受封爲爵士。美國最後也向他賠禮道歉。1972年4月，卓別林應邀至洛杉磯接受奧斯卡特別獎。

他曾在這國家裡獲得傲人成就，也曾多次失意，重返這個國家令他多少有點遲疑。但無論在紐約還是加州，他都受到熱烈歡迎和頌揚。1977年12月25日，卓別林在瑞士家裡平靜地與世長辭，安葬在村□□墓。他死後發生一□然的惡作劇：兩名盜□靈柩，意圖詐取贖金。後來□田野裡找到他的遺體。

在他去世20年、查理最後一次出現在銀幕□多世紀後，世人對流浪漢查理的形象一直□□早在1950年代，卓別林就說過這□時，再也看不到這樣的流浪漢了□不同了，查理的遭遇卻再度變成□斯卡獎頒獎時，英國《衛報》(7□國影評人作過一次調查，請他們□最偉大的演員，結果是卓別林贏□

1972年，卓別林在好萊塢榮獲奧斯卡金像獎。他說：「我原以爲有些人會對我喝倒彩，但是他們都十分友善。他們都是知名人物，都是藝術家。要知道，以前他們不是這樣的，真出人意料。」他越來越像個英國小學生：狡黠地扮鬼臉，雙眼無邪地轉來轉去，用骯髒的手戳著胸膛開玩笑說：「天才……」突然敏捷地從椅子上站起來，兩眼閃爍，帶著嘲笑口吻不耐地說：「行

自在上帝的份上開始□□□於是就愉□□自己寫的歌□smile!)，挽著□□，瀟灑地走了□」(《生活》□，1972年4月

21

見證與文獻

「電影透過眼睛使人產生感情，
這種產生感情的方法是直接的。
我認爲它是所有藝術表現手法中最直接的。
電影表達、陳述並暗示種種感情，
而這些感情又引發一種美感。」

卓別林，〈藝術與觀眾〉
載《電影人和電影》，1924年12月15日

喜劇演員的職業信念

卓別林在〈如何令觀眾
開懷大笑？〉和〈默劇與喜劇〉
兩篇文章中吐露了他的
藝術祕訣和工作方法：
怎樣找到笑料？
如何讓觀眾對流浪漢
產生同情與好感？
從這個人物身上感受到熱情？
既然默劇是較有效的共通語，
為什麼還要有對話？

《他的過往》，1914年。

逗笑的祕訣

在1918年寫成的這篇文章裡，卓別林
闡述了製造笑料的技巧：充分利用笑
料；觀察日常生活中的各種細節；不
斷引起對比和驚奇。

我所到之處都有人要我告訴他們「逗
觀眾發笑」的祕訣。這讓我很不自
在，通常我是避而不答。在銀幕上，
我逗人發笑的祕訣並不比蘇格蘭雜耍
演員勞德(Harry Lauder)多。我倆都知
道人生中某些簡單的真理，然後用在
工作中。

　　一旦這樣做了，那麼任何成就的
根源就是對人的本質的了解，不論是
商販、旅館老闆、出版商還是演員。
我更依靠的是讓觀眾看到在他們面前
的是個處境可笑而窘迫的人。

　　帽子飛走了這件事並不可笑，可
笑的是帽子的主人在後面緊追，頭髮
隨風飄揚，衣襬迎風擺盪。一個人在
路上散步也沒什麼可笑，但當他處在
一種可笑和窘迫的境地時，就成了他
同類的訕笑對象了。所有滑稽情景都
建築在這個基礎上。

　　許多喜劇片一砲而紅，是因為大
部分影片中都有警察跌進陰溝、失足
陷入水泥桶、從火車上掉下來或遇到
各種麻煩等情節。人們感到可笑並加
以嘲笑的對象，就是這些代表威權且
滿腦子都是這種思想的人。觀眾嘲笑
這些人的遭遇，遠多於嘲笑遇到同樣

不幸的平民。而受到訕笑的人雖然遇到不幸，還是不承認自己遇上不尋常的事，固執地想保住自己的尊嚴，那就更可笑了。

最好的例子便是一個醉漢步履蹣跚，說話含糊不清，卻一正本經地想讓我們相信他沒有喝酒。更可笑的是那些歡天喜地的醉漢毫不掩飾自己的醉態，反而嘲笑那些看出他喝醉的人。不過，舞台上酗酒而又有自尊意識的人很少見，因為導演知道這種要求很可笑。

因此，我所有的電影都基於這一想法，即自找麻煩，讓自己有機會極其嚴肅地做自己想做的事，去塑造一個正常的小個子紳士。所以，即使處在惡劣的環境中，我最關心的還是馬上撿起手杖，往上推推帽子，整整領帶，即使仰面摔下也是這樣。我非常肯定，我不僅想使自己處在尷尬的境地，也要使別人處在這種境地。

我這麼做了，而且手法盡量簡潔，也就是說，當一件事可以引起兩次捧腹大笑時，就用不著兩件事。在《冒險家》中我做到這點。片中我和一位女孩在陽台上吃冰淇淋。在陽台下我安排了一位受人尊敬、穿著得體的健壯婦女在用餐。吃冰淇淋時，我的湯匙不小心掉下。湯匙通過我的褲子滑落，從陽台上落到這位婦女的頸子裡。我的尷尬引起觀眾第一陣笑聲。接著冰淇淋落到婦人頸中，婦人暴跳如雷，又引發第二陣笑聲，而且比第一次大得多。這樣，一件事就令兩個人陷入尷尬中，引起兩次捧腹大笑。

這似乎很簡單，產生可笑是因為人性中有兩個因素：一是觀眾喜歡看到奢華的有錢人遭難，二是觀眾有與舞台與銀幕上的演員相同的感受。在劇場裡，一般觀眾看到富人得到惡報而高興。這是因為十分之九的人是窮人，他們內心深處嫉妒另外十分之一人的財富。如果我讓冰淇淋掉在一位貧窮的清潔婦頸裡，觀眾會同情她，而不是嘲笑她。

此外，清潔婦也沒什麼自尊可失去，所以也就沒什麼可笑。在觀眾心中，冰淇淋掉在富婆頸子裡，那是她命該如此。

人都有見到別人有某種感受、自己也就有同樣感受的傾向。我的意思是，還是以冰淇淋為例，如果這個富婆冷得打哆嗦了，那麼觀眾也會像她一樣打起哆嗦來。

使劇中人物陷入尷尬境地的事應當是觀眾所熟知的，否則觀眾就會看不懂。觀眾知道冰淇淋很冰，所以會打哆嗦。如果用觀眾無法立刻看出的東西，觀眾就不會明白箇中奧妙。早期電影中扔奶油烙餅的情節就是這個道理。大家都知道餡餅一扔就碎，因此能體會演員接餡餅時有什麼樣的感覺。

許多人問我，你的這種想法從何而來。好吧，我可以告訴你們，我住在倫敦時見過許多英國人，我的這種想法是對他們看法的綜合。

我初期的片子是在凱斯東電影公司拍攝的，當公司要我別在卡諾劇團的《英國雜耍劇院的一夜》中演出，我猶豫了。主要是因為我不知道我能演什麼喜劇角色。但是過了一段時間後，我想到那些小個子英國人，他們蓄著一撮黑色小鬍子，穿著緊身外衣，拄著一根竹製手杖，於是就決定學他們的樣。手杖也許是讓我最受惠的東西，是手杖讓我很快被人認識。另外，我擴大手杖的用途，使它帶有一種滑稽的性質。我常用它來鉤某人的腿，或者為了趕上某人而鉤著他的肩膀。我這些動作常會引起觀眾的陣陣笑聲，而我對自己這些動作卻沒什麼感覺。我不認為一開始我就完全明白許多人說的手杖把人歸入「遊手好閒」之流這句話的意義。於是，當我拄著手杖，一本正經出現在舞台上時，我給人的印象是我很有尊嚴，而這正是我的目的。

我在凱斯東公司拍攝第一部片時才21歲(我今年29歲)，他們質疑我這個年齡知道些什麼。沒錯，但他們得想想我在14歲時就已經登台表演了，而且與我簽約的還是美國演員吉雷特，請我在一齣美國喜劇《福爾摩斯》中擔任一角。

這是千真萬確的。歷時14個月，我就在《福爾摩斯》中飾演僮僕比利，地點是倫敦。合約到期後，我又在歌舞劇場中演出。我唱了幾年歌，跳了幾年舞，一直到參加卡諾劇團時才離開。默劇在英國很受歡迎，而我對這門藝術也情有獨鍾，也很高興能從事這項藝術……

但是，如果沒有母親，我不知道自己能否在默劇方面獲得成功。我母親就是我看過的一齣最奇妙的默劇。她端坐在窗前好幾個小時，看著街上的行人來來往往，用手、眼睛和臉上的表情表現下面發生的一切，從未停止過。我看著母親，觀察母親，不僅學會用手和臉部動作表達感情，還學會研究人。〔…〕觀察人的方法是母親教會我最重要的一件事，因為我是用這種方法才知道人們覺得可笑的是什麼。

因此，每當我的影片上映時，我就用一隻眼睛看電影，另隻眼睛和兩隻耳朵關注觀眾，注意觀察哪些情節使他們發笑，哪些情節引起他們的興趣。如果上映幾天後，觀眾對我原以為很滑稽的情節還是笑不出來，那麼我就立刻努力尋找在我的想法和實施這些想法或拍攝的過程中，哪些地方出了差錯。

我常常發現有些我沒有仔細推敲過的動作反而引起觀眾陣陣輕微的笑聲，於是我就豎耳傾聽，琢磨這個動

《消防員》，1916年。

作或情景為什麼會引起笑聲。在看自己拍攝的影片時，我就像商人般觀察著顧客喜歡什麼，不喜歡什麼。

我在劇場裡觀察觀眾，是為了看看什麼東西能逗他們發笑。同樣，為了發現笑料，我也要留神觀察周圍的人和事。

一天，我路過一個消防站，這時正好亮起紅色警燈。我看見消防員們從高高的滑桿上滑下來，抱起噴水管朝火災地點奔去，於是眼前立刻出現一連串令人發笑的情景：我躺在床上，沒留意火警鈴大作。這點大家都可理解，因為人人都喜歡睡覺。我看到自己從滑桿上滑下，逗著消防隊員的馬，救出女主人公，後來我在馬路轉角處從噴水管上掉下來，以及其他許多諸如此類的笑料。我把這些笑料

一一藏在腦裡，後來在拍攝《消防員》時派上用場。如果那天我沒有觀察消防站，就不可能會有這些橋段。

還有一次，我在一家大百貨公司乘電梯上上下下。我當時就想在電影中該如何利用這一素材。最後，我把它用進《巡查員》中。

又有一次我去觀賞一場拳擊賽，於是就萌生拍《冠軍》的念頭。片中，我這個身材矮小的人用藏在手套裡的馬蹄鐵把一個大個子拳擊手打翻在地。在另部片中，我用一職業介紹所當題材。總之，我總能從日常生活中得到啟發，不是有助於塑造人物，就是能製造笑料。

一天，我去一家飯店用餐，我突然發現離我幾公尺處有人在微笑，好像在向我打招呼。我以為他在向我示好，於是我跟他打招呼。但我誤解了他的意思。一分鐘後，他又笑了，我又跟他打招呼，但他都沉著臉。我不明白他為什麼一會兒笑，一會兒卻蹙著眉頭。於是我就轉過身去，發現原來他是在和我身後的一個年輕女孩調情。我不禁為自己的錯誤感到好笑，但這錯誤還是很有用。幾個月後，機會來了，我把這段素材用到《治療》一片中。

我還常常對人性的另外一面，即喜歡對比分明、在娛樂中尋求驚奇的傾向加以利用。大家都知道，觀眾喜歡看好人與壞人、富人與窮人、幸運

兒和倒霉鬼之間的爭鬥。他們喜歡笑，也喜歡哭，而這一切都是幾分鐘內的事。對觀眾來說，對比孕育出興味。因此，我不斷使用對比。如果我被警察追捕，那麼我總能讓警察顯得笨拙愚鈍，而我卻能在他的兩腿間竄來竄去，顯得很靈巧敏捷。在表現受到虐待時，虐待我的人一定是個彪形大漢，和我的矮小身材形成對比。這樣，我就能贏得觀眾同情。我還常常裝出神態嚴肅、一本正經的樣子來製造與可笑事物間明顯的對比。

身材矮小顯然是我的優勢，我可以毫無困難地利用這一優勢來製造對比。大家都知道，身材矮小的人受到虐待總能贏得眾人同情。我知道人有偏袒弱者的傾向，於是我就縮著肩，做出一副擔驚受怕的可憐樣子，突顯我的弱

小。這一切當然都是默劇藝術。如果我的身材高大些，看上去很能自我保護，那麼就很難得到同情。但是，正因為我是這樣矮小，觀眾才會同情我，即使他們覺得我外形猥瑣可笑也會如此。

儘管如此，對比要用得恰到好處，這點還是得注意。在《狗的生涯》中，我飾演農夫。我以為農夫從衣袋裡掏出一顆種籽，然後用手指在地裡挖個洞埋下，該是很滑稽的了，於是就要我的同事去找一個莊園當場景。莊園是找到了，但是沒有派上用場。原因很簡單，這個莊園太小了，無法與我那個用手指摳洞播種這一荒謬的動作形成對比。在小莊園裡如此播種已很滑稽，但如果是在一個占地25公頃的大莊園，那麼這場戲就會因我的播種方法與莊園巨大規模間的反差而引起觀眾開懷大笑。

《移民》，1917年。

　　我把驚奇放在與對比同等重要的地位。我不在整部片中刻意製造驚奇，而是盡量利用人物的動作讓觀眾感到驚奇。

　　我總是試圖用新方法製造意外，如在一部片中，觀眾原以為我會在街上散步，而我卻突然跳上一輛車。又如要引起某人注意，原本只要用手輕拍他的肩膀或叫他一聲即可，而我卻用手杖鉤他的胳臂，慢慢把他拉過來。做出與觀眾期待的完全不同的事對我來說是種樂趣。

　　在《移民》的開場時，我把身子探出船外，觀眾只看到我的背影，我雙肩抽搐，似乎暈船得厲害。如果影片中的我真的暈船，那就大錯特錯了。實際上我這麼做是在矇騙觀眾，因為當我重新挺直身子時，我的魚鉤上掛著一條魚！這時觀眾才知道我沒有暈船，而是在釣魚。這個驚奇完美無缺，引起觀眾一陣大笑。

　　通常還有另一種危險，那就是逗笑過度。有些戲劇和電影讓觀眾大笑不止，以致精疲力竭。笑倒觀眾是許多演員追求的目標，但我卻喜歡分散笑料。兩三次開懷大笑要比持續數分鐘的爆笑好得多。

　　常常有人問我，我的這些想法能否實現，拍滑稽片是否容易。我真希望觀眾對影片從構思、角色分配、攝影、剪輯直到上映的全部過程有所了解，我常常為拍一部片要用掉許多膠

《移民》，1917年。

捲而心驚肉跳。拍掉60,000英尺的膠捲，觀眾看到的不過2,000英尺。60,000英尺要是全部放出需要20小時，但是膠捲還是必須全部沖洗出來，才能進行剪接，而拍出來的影片得濃縮在20分鐘內放映完畢。〔…〕

　　我在工作中只相信自己的評價。有時候，我周圍有些人對某些場面很感興趣，而我卻認為不太滑稽而棄之不用。這倒不是因為我自認為比他們高明，而僅是因為受到責難或得到好評的只是我個人。

　　我不能在影片開始時就提醒觀眾：「各位觀眾，你們不笑，我不怪你們，因為我自己也覺得沒什麼好笑的。但是我周圍的人不同意，我只好站在他們那邊。」

還有另個問題使我在對待周遭意見時感到為難。我的攝影師和他的助手對我的表演手法十分熟悉，以致難得會笑。但如果我犯了一個錯，他們不指出，而是笑了，我還以為是我演得很滑稽。一次，我問那些對我認為沒什麼可笑的場面放聲大笑的人為什麼笑，他們對我說是我搞錯了，於是我才知道我很容易被人誤導。因此現在我對他們難得會笑反而感到踏實。

還有一件事是我最要提防的，那就是過分誇張，太依賴某個特別的笑點。過分誇張比其他手法都能讓人笑不起來。如果我過分強調個人手法，把人擊倒在地的動作過於粗魯，或者在某個情節上動作過火，這些對影片都是毫無助益的。

自我克制也是一件很重要的事，對演員或其他人來說都是如此。控制情緒，克制欲念，摒棄不良習慣都是必要之舉。我不甚喜歡我早期拍的電影，原因是我沒能很好地克制自己。扔出一、兩塊奶油餡餅也許還很有趣，但扔多了就引不起觀眾的興趣，影片也就變得枯燥無味了。我的成功也許並不總是得益於我的方法，但我還是寧願用聰明的動作，而不是粗魯或平庸的作態來博得觀眾的笑聲。

〈觀眾為什麼而笑？〉
載《美國雜誌》
1918年11月

為默片辯解

1931年，隨著《城市之光》上映，卓別林拒絕拍攝有聲電影。默片是一種世界共通的語言，根本用不著有對話。

無聲電影或無對話的電影因有聲電影的瘋狂入侵而暫時被人拋棄。但是這一刻也不意味著默片已經消失，已經日暮西山了。《城市之光》就是一個明證。〔……〕

我為什麼堅持拍默片？首先是因為它是一種共通的表達手法。有聲電影由於語言的不同，放映範圍必然受到限制。我肯定將來總有一天默片會重新引起人們興趣，因為大眾對世界共通的表達手法的需求不斷提高。這是一個公認的原則：真正的戲劇應當是世人普遍的——也許用「根本的」這個詞更好——興趣所在。因此，依我看來，戲劇的表演手法也應當是普遍的，而不是受局限的。

請注意，我認為有聲電影儘管受到種種限制，仍不失為是對戲劇表演的一種寶貴補充。但是我把它僅僅看成是種補充，而不是取代。它肯定不能代替20年來推動默劇藝術大幅進步的無聲電影。不管怎麼說，默片總是一種普遍交流的手法，早在語言誕生前就已長期存在了。〔……〕

大家普遍認為動作勝於對白。稍微皺一下眉頭，僅這一動作就可比一

《城市之光》，1931年。

百個詞句表達更多的東西。這種表情就像中國的表義文字一樣，由於情節的不同而有不同的意義。你先聽一段對某種不太熟悉的東西，如非洲疣豬的描述，然後由你自己複述一遍，再看看這種動物的影像，你就會發現你的驚奇是不同的。

有人常說孩子們不再看電影了。的確，成千上萬業餘的電影愛好者、潛在的觀眾和孩子，他們對銀幕已經有點害怕了。他們不願看電影的原因是跟不上有聲電影裡的對話，但是看動作卻毫無困難。這是因為他們的眼睛比耳朵訓練得好。沒有一個孩子在看《城市之光》時會跟不上影片的節奏，他們都能毫不費勁地理解劇情。

我是一個喜劇演員，我知道默劇在喜劇中比在純戲劇中更為重要，在鬧劇中比在喜劇中的效果好。鬧劇和喜劇的區別在於前者要求演員用不合乎邏輯——甚至是反邏輯的動作逗人發笑，而後者則是用一連串嚴密的動作達到使人發笑的目的。

對於廣大觀眾來說，比起有聲喜劇來，無聲喜劇是一種更能令人開懷的娛樂，因為笑料源自敏捷的動作，因為在一個動作發生後，可在比用語言敘述所需還短得多的時間內引發出笑聲。

默劇在戲劇中的作用顯然也不可低估。因為它能使劇情從可笑逐步過渡到悲愴，從喜劇逐步過渡到悲劇，比起說話來更為靈活，所花的力氣要少得多。

這個論點源自我最近的觀察：有聲電影突然出現，使許多演員忘記戲劇的基本原理。我過去一直認為，現在還這麼認為，默劇是演員想要在電影事業中獲得成功所應當掌握的首要本領。一位真正有本領的演員必須接受嚴格的默劇訓練。看看艾爾文(Irving)、科克蘭(Coquelin)、伯恩哈特(Bernhardt)、杜絲(Duse)、曼斯菲爾(Mansfield)、布思(Booth)吧，他們的藝術源頭不都是默劇嗎？

〈默劇與喜劇〉
載《紐約時報》
(*The New York Times*)
1931年1月25日

我的一生

1959至64年間，
卓別林決定寫自傳。
75歲高齡的他置身回憶中，
一生中各個階段都歷歷在目。
從流浪漢形象的第一次出現
及旋即造成轟動，
一直談到晚年的幸福生活。
這本自傳是他
豐富一生的精彩摘錄。

進入角色

1914年1月，卓別林進凱斯東電影公司已經好幾個月了。塞納特想盡方法找尋笑料，要求演員嘗試全新造型，於是卓別林就塑造了查理。

我穿著城裡人的衣服，無事可做，站在塞納特正好看得見我的地方。他正和梅寶查看作為飯店大廳的布景，嘴裡叼著雪茄。

「這裡應放點笑料。」他說，然後朝我走來：「快去化妝，滑稽點，怎樣都行。」我不知該怎麼化妝，記者的服裝我可不喜歡。但在去服裝室的路上，我想褲子寬鬆些，皮鞋要特大號的，還要一根手杖和一頂圓禮帽。我要讓我的裝束對比明顯；褲子特別寬大，上衣卻很緊；帽子很小，皮鞋卻是特大號。我還在想我究竟應當扮得年輕些呢還是年老些。但想到塞納特說過我長得老相，於是我就加上一撮小鬍子，我以為這樣可以看上去老些，也用不著掩飾我的表情了。

當時我對以後要表演的人物還沒有任何想法，但當我穿好衣服時，我的這身打扮和化妝使我感到這角色該是如何，我開始發現這個角色。當我走上舞台，這個角色就完全塑造成型了。我站在塞納特面前時已經進入角色。我把手杖要得團團轉，自負地向前走，滿腦子全是插科打諢的笑料。

塞納特的成功祕訣是他的熱忱。

他是位極佳的觀眾，看到他覺得滑稽的東西就會情不自禁笑出來。他當時笑得身子都歪了。這對我來說是鼓勵，於是我就向他解釋角色。

「您知道，這個角色有很多面；他既是流浪漢，又是紳士、詩人，一個愛空想、孤零零、喜歡浪漫和冒險的人。他想讓您相信他是個有學問的人，是位音樂家、公爵和馬球運動員。但是，他也會去揀煙蒂，偷吃嬰兒的麥芽糖。當然，如果有機會的話，他還會朝女人的屁股踢上一腳……不過那只是在他激動的時候！」

我不停講了十來分鐘，而塞納特一直在笑。

「好，上台吧，看看你能幹點什麼。」〔……〕

在喜劇中，採用什麼姿態是至關重要的，但要找出一種安適的姿態卻不容易。然而在飯店大廳裡，我覺得自己像個被人認爲是條狗的騙子，而實際上我是個流浪漢，只不過想找個棲身之地罷了。我走進大廳，不小心踩到一位夫人的腳。我回過頭來，提了提帽子，向她表示歉意，然後繼續走去，不小心又撞上一只痰盂，我又回過頭來，對痰盂提提帽子。他們在攝影機後開始笑了。

這時周圍聚集一群人，不僅有別的劇組演員，還有布景工、木工和道具管理員。他們都放下手邊工作來看我們排練，使我得意萬分，排練結束

卓別林和西尼在《移民》拍攝現場，1917年。

時已有很多觀眾，他們笑得很開心。我馬上看見斯特林又踮著腳在那裡觀看。一切結束後，我知道我成功了。

查理在雜貨店裡

1915年，卓別林受聘加入埃森耐電影公司，不久就成績斐然，到處都是流浪漢的形象，蠟燭上有，牙膏上也有……

有人說，我的名聲只是讓每齣喜劇出了名。從電影院售票口排長龍的盛況來看，我知道我在洛杉磯確實獲得巨大成功。但我不知道在其他地方情況如何。在紐約，所有大百貨公司和小雜貨店都在賣我這個角色形象的玩具和小雕像。齊格飛(Ziegfeld)舞團的女郎們顧不得紅妝粉臉，唇上黏著小鬍子，戴頂圓禮帽，穿著特大號皮鞋和

寬鬆長褲，模仿卓別林的樣子，唱起〈喔！卓別林的腳〉。

各種商業活動也紛至沓來，希望把卓別林的形象印在書籍、服裝、蠟燭、玩具、香煙或牙膏上。影迷寄來的信件堆積如山，成了問題。

快速剪輯與串場

導演的幾個原則：不矯柔做作，不流於平庸，要掌握本質，爭取時間，跟緊演員的動作。

我害怕稀奇古怪的效果，例如拍攝壁爐中燃燒的煤塊，眾星拱月似地在飯店大廳裡追逐演員。我認為這顯然太過平庸，一眼即能看穿。觀眾看電影是為了擺脫煩惱，看銀幕上的演員從一個地方走到另一個地方。虛幻的效果使動作變得遲緩，令人覺得無聊討厭，對藝術產生誤解。

我使用的攝影設備有利於演員設計舞蹈動作。當攝影機架在地上，面對演員轉動時，那就是攝影機在表演而不是演員在表演了。攝影機不該如此霸道。

爭取時間是電影的基本要旨。俄羅斯導演愛森斯坦(Sergei Eisenstein)和葛里菲斯深諳此道。快速的剪輯和串場是電影技術的動力。

〔…〕要在一場戲中帶領演員，掌握其心理狀態是難能可貴的法寶。例如，有的演員在電影拍攝中途才加入劇組。儘管他是出色的演員，但在新環境中也會顯得拘謹。這時導演為人謙遜就很必要。這種情況屢見不鮮。我雖然很清楚我要的是什麼，但對新來的演員會另眼相待，我會悄悄說我沒什麼本事，也很擔心，怎麼拍這戲心裡也沒底。這樣，他就會立刻忘記自己的拘謹，設法幫助我，並演好自己的角色。

一個閒不住的人

卓別林用下面的話為自己的自傳作結。這部自傳是對他豐富多彩的一生及幸福的家庭生活的總結。他還有幾個夢想：執導一齣戲和一部歌劇……

現在我該結束我的人生之旅了。我覺得時代和環境幫助了我。我享受過關懷和愛情，也嘗過人間憎恨的滋味。是的，這世界給過我許多最好的東西，讓我幾乎躲過最壞的東西。儘管有種種曲折，但是我相信幸運和厄運就像頭頂上的烏雲，說來就來，說去就去。我懂得這個道理，所以在遇到麻煩時不會過於驚慌，遇到好事時在欣喜之餘還有點驚訝。我沒有什麼生活哲學與竅門。不論聰睿還是愚鈍，我們都應和生活抗爭。我在矛盾中左顧右盼：有時一件小事會令我不快，遇到大災難卻反而若無其事。

然而，我現在的生活比以往任何時刻都更為豐富多彩。我身體健康，

創作精神一直不衰。我還打算拍幾部電影，也許不是爲了我自己，而是爲了我的家人，我要把劇本寫出來，拍成戲。因爲我的家人中有幾位很有演戲天賦。我一直雄心勃勃，從不輕言退休。

我還有許多事要做，除了幾部電影劇本待完成外，如果時間許可，我還想寫部戲劇和歌劇。

德國哲學家叔本華(Arthur Schopenhauer)說過，幸福是種負面的狀態。我並不這麼認爲。近20年來，我知道幸福意味著什麼。我幸運地成爲一位出色女人的丈夫。我想在這方面可以多所著墨，但事關愛情，完美的愛情是世上最可貴的東西，但也是最令人失望的東西，因爲我們無法解釋清楚。和歐娜一起生活，我不斷發現她的性格中有許多深層美麗的東西。當她在韋維家中狹窄的通道裡在我面前矜持地走過時，她那挺拔瘦小的身影，她那往腦後梳理帶著幾根銀髮的黑髮，立刻在我胸中激起一股愛戀和仰慕的暖流。一想到她，我就頓時爲之語塞了。

我沉醉在這種幸福中，夕陽西下時坐在陽台上眺望寬闊的綠色草地、遠處的湖泊和肅穆的山丘。我靜靜地坐在那裡，什麼都不想，慢慢品味著這股絕佳的靜謐。

卓別林
《我的一生》，1964年

卓別林一家。自左至右：裘拉汀、尤金、維多利亞、卓別林和歐娜、安妮特、約瑟芬、麥可(珍不在照片中，克里斯多福此時還未出生)。

遭處死刑的
「傑出幽默作家」

〈節奏〉(*Rhythm*)是卓別林
寫於1938年第二次世界大戰
前夕的短篇小說，
描述一個死囚在獄中
等待行刑的故事。
從中可看到身兼作家及
電影工作者的卓別林對
正義及非正義的關心。
一年後，
他著手拍攝《大獨裁者》，
藉以喚醒世人的良知。

《大獨裁者》，1940年。

早晨的陽光在這座了無生氣的西班牙監獄的廣場上遊移。這是一抹宣布死亡的陽光。這位年輕愛國者站在行刑隊面前。一切準備就緒。一小批當權者站在一旁，等著觀看行刑。場面死寂。

這些反判者曾經懷抱希望，企盼參謀部會下達延緩行刑的命令。死囚是他們的對手，但在西班牙很有名望。他是傑出的幽默作家，很知道如何討好同胞。

指揮行刑隊的長官與他也有私交，內戰前彼此還是朋友，兩人都曾獲得馬德里大學的文憑，為推翻君主政體和教會權力並肩戰鬥過，也曾在咖啡館裡消磨許多夜晚。他們一起歡笑，互相逗樂，徹夜探討人生奧祕，也不時就各種治理方式爭執。

那時，他們即使觀點分歧，但友情仍在，但是這些分歧最終卻導致不幸和全西班牙的混亂，將他的朋友帶到行刑隊的面前。

但是，提這些過去的事有什麼用？說理爭辯又有什麼用？

自內戰開始以來，爭辯說理已經毫無用處。行刑隊長在死寂的監獄廣場上，各種問題都湧上心頭，使他煩躁不安。

不，過去的一切都應當了結，只有未來才是重要的。未來？指的是這個使他失去許多故舊的世界。

這個早晨是他倆自戰爭開始後第一次重逢。他倆相對無言，只在準備走進廣場時相視而笑。

悲劇性的早晨把銀中帶紅的陽光抹在監獄的牆上，一切顯得那麼安謐。廣場上一片寂靜，只有眾人的心臟有節奏地跳動著。一片死寂中，「立正！」行刑隊長的下令聲在監獄內迴盪。

接過命令，六名隊員緊握步槍，站得畢挺，動作整齊劃一。稍停之後，第二個命令就要發出。

但就在這個間歇中發生一件事，破壞了節奏。死囚咳了一聲，清清嗓子。此舉打亂事情的每個環節。

隊長轉身朝囚犯走來，他想聽聽他有什麼話要說。但沒有。於是隊長又回身面對隊員，準備發出下一道命令。但就在這時，他的腦子突然發生叛變，遺忘使他的腦袋一片空白。他失去知覺，面對隊員居然張口結舌說不出話來。

怎麼回事？廣場上的情景說明不了什麼。他看到的只有一個人背對著牆，面對著六個人。這些人表情呆滯，就像一群怪物，他們的生命時鐘說不定何時就會突然停止。

沒有人在動，什麼都毫無意義，還有些不正常。這一切都不過是一場夢。他應當擺脫這個夢境。

他在不知不覺中慢慢恢復記憶。他在這裡呆了多久？發生了什麼事？噢，對了，他下過一道命令，下個命令該是什麼？

「立正！」之後應當是「上膛」，然後是「瞄準！」，最後是「開槍！」這些口令他在失去知覺時還隱隱記得，但這些該說的話似乎離他遙遠且模糊，不受他的支配。

他局促不安，支離破碎地高喊著，幾句話混在一起變得毫無意義。不過他看見隊員們舉起槍時還是鬆了口氣。他們的動作節奏使他的頭腦也重新有了節奏。他再一次喊著，隊員們做了瞄準的動作。

但就在接下來的間歇裡，眾人在廣場上聽到一陣急促的腳步聲。隊長知道，特赦令來了。他立刻恢復知覺。

他對行刑隊員大叫：「停火！」

六人拿著槍，六人受節奏牽引。六個人聽到「停火」的命令時卻開了槍。

〈節奏〉
載《電影世界》
1938年4月

聽各位導演評說

從美國導演暨喜劇明星
巴斯特‧基頓，到法國導演
麥克斯‧林德、賈克‧大地
(Jacques Tati)及弗杭蘇瓦‧
楚浮(François Truffaut)，
他們對卓別林都有自己的
評論，說他非常專業，
甚至有點吹毛求疵；
在穿插笑料、掌握劇情節奏
方面像鐘錶匠一樣精確；
發明寫實電影，
讓電影帶點悲劇色彩，
使電影更為感人；
他的帽子創造最佳喜劇效果。

卓別林與林德，1921年。

「他稱我為老師」

巨星相逢：一位後來回巴黎，一位去
好萊塢。以下是林德向卓別林致意。

看過卓別林電影的人很容易理解這些
影片耗費了他多少心血。不管對他存
有什麼偏見，大家對卓別林的不懈努
力和聰明才智莫不稱道。

卓別林說他看過我的電影，是我
的作品促使他從事電影事業的。他稱
我為老師。至於我自己，我也為在他
的學校上過課而感到榮幸。有人道過
卓別林一些長短。首先，卓別林原籍
英國，而不是西班牙或法國。我告訴
他們，在法國，人們叫他夏爾洛
(Charlot)，叫他哥哥西尼為朱洛
(Julot)。這種稱呼讓他們很高興，他
們也整天相互叫來叫去，還不時發生
陣陣笑聲。夏爾洛年紀很小就當上演
員，還是個音樂家和不錯的作曲家。

卓別林在洛杉磯有自己的電影公
司。在哥哥和幾位合夥人的幫助下，
自己擔任導演拍電影。卓別林拍片非
常認真。當然，他的電影公司有最現
代的精良設備和器材，工作環境也很
舒適。但最重要的不是機器設備，而
是他的工作方法。作為一個真正的幽
默大師，卓別林潛心研究笑的藝術，
能恰到好處地逗得觀眾發笑，而不是
即興創作。卓別林排練認真，每場戲

都要反覆排練，直到滿意爲止，而且都拍攝下來，反覆放映，以便找出會損害效果的缺點。

林德

載《電影》，1919年

「笑是世界共通的語言」

法國作家考克多(Jean Cocteau)深諳卓別林詼諧藝術的精髓。人人都能從中得到好處：效果細膩，妙趣橫生。

卓別林是現代木偶。各種年齡與民族的人都是他逗笑的對象。笑是世界共通的語言，人人都可出於各種理由從笑中得到樂趣。我們就是在笑的幫助下建成巴別塔(Babel)。他不斷製造「笑」果，但從不刻意強調。思想敏捷的人從中得到樂趣，而其他人則滿足於他的好笑舉止。

考克多

載《白色卡片》，1919年

勤奮的工作者

塞納特說1914年爲凱斯東拍片的卓別林是位挑剔認真、從不缺席的演員。

他是我認識的人中，對與自己有關的事，如前途、要做的事的類型等，最爲關心的人。他無時無刻不在想工作，但總是抱怨這，埋怨那，抱怨選用的導演、合演的演員，也埋怨自己擔任的角色，嫌角色不夠豐滿，希望

卓別林的第一部電影《謀生》於1914年2月上映。當時卓別林還不是流浪漢查理。

在舞台上有更多空間做他想做和該做的事。電影殺青試映那天，他總是親臨觀看，而大部分在片中演出的演員卻缺席。放映中如看到不滿意之處，就會嘴裡嘖嘖有聲，把手指弄得嘎嗒作響，顯得煩燥不安，十分激動。

塞納特接受美國小說家德萊塞(Theodore Dreiser)訪問的訪談錄

1928年8月

赤子般的目光

俄國電影大師愛森斯坦對卓別林很感興趣。他在卓別林身上看到自己，是反對戰爭和超現代主義的自由象徵。

卓別林的特點是，儘管頭髮已經花白，卻還保有「赤子般的目光」，對各種事情都有自發的反應。

於是他就擁有相對於「道德羈絆」的自由，和洞察以滑稽為表相讓人起雞皮疙瘩的東西的能力。這就是所謂成年人「幼稚症」。因此在卓別林的喜劇中，劇情以童趣為基礎。〔…〕

卓別林對現實提出反駁，在《大兵日記》中駁斥戰爭的荒謬，在《摩登時代》中質疑超現代主義。卓別林的搭檔絕不是高大粗魯、令人生畏的人。他不拍片時在好萊塢經營餐館。

在他所有的作品中，真正搭檔另有其人。此人更高大強壯，更令人害怕，更冷酷無情。卓別林和現實是一對伙伴，他們在你面前不斷表演馬戲節目。現實就像個總是一副嚴肅模樣的「白面」小丑。卓別林很聰明，很有邏輯，善於觀察，有遠見，說穿了就是有喜感，很會逗人發笑。和頭腦簡單、天真幼稚的伙伴在一起，卓別林總是占盡優勢。他的伙伴無憂無慮地笑著，全然不知笑會置他於死地。

　　　　　　　　　　愛森斯坦
　　　　　　《小孩卓別林》，1944年

維杜先生與我們的時代

《維》片上映，法國名導尚雷諾(Jean Renoir)為卓別林的新形象提出辯駁。

卓別林放棄後跟磨破的大皮鞋、圓禮帽和手杖，脫下可憐小人物的破爛服裝。他那令人傷感的落魄形象曾令我們心碎，現在他毅然走進更可怕的世界，因為這世界與我們生活在其中的世界更為接近。這個褲子燙得畢挺、領帶打得完美、服飾華麗的新角色已喚不起我們的憐憫。他的地位與從前在一個基本上是富人壓迫窮人的社會所處的地位已完全不同。在那個社會裡，富人壓迫窮人的手段十分明顯，連最天真的觀眾也能立即看出它的道德含義。從前我們以為夏爾洛的故事是發生在一個專為電影而設的世界裡，是童話故事。但隨著《維杜先生》的上映，就不可能含糊其詞了。它演的是我們時代的事，銀幕上提出的問題就是我們遇到的問題。卓別林放棄了原來為他提供安全的方式，正面抨擊自己生活在其中的社會。這工作比其他工作危險得多。我們的電影大師

1946年，卓別林拍攝《維杜先生》。

就是這樣，把電影事業提高到淋漓盡致表現人類精神的地位，使我們越來越增添把電影當作一門藝術的希望。

尚雷諾

〈不，維杜先生沒有扼殺卓別林〉

載《法國銀幕》，1947年7月15日

像個星球轉動

法國導演巴侯(Jean-Louis Barrault)說他的默劇藝術手法簡約，意涵豐富。

我不想讓你深入到默劇的「廚房」，而是想讓你注意到夏爾洛的百態都集中體現在他的上半身，各種動作都從這個中心向身體各部分伸展。他扮演醉漢，不是兩腿無力地左右搖晃，而是從頭到腳晃個不停，就像個星球在轉動。但他演得不慍不火。別的演員要手舞足蹈兩分鐘才能表達的意思，

他只需15秒鐘就表達清楚了。

巴侯

載《電影俱樂部》，1948年第4期

像鐘錶匠一樣精確

世人常把巴斯特‧基頓的喜劇與卓別林的作比較，他倆都是師承塞納特。

我應當承認，在私生活上，卓別林是最快樂也最講究的伙伴。實際上，他在工作時就不那麼可愛了。他沉著冷靜、清醒專注、追求完美，工作精細得就像標本收藏家擺弄蝴蝶的翅膀。

大家對他處理細節的才能及拍片表現如鐘錶匠般的精確，怎麼讚賞都不過分。如鐘錶匠般的精確也許是他才華的本質，是比造笑藝術更重要的因素，因為這種完美的精確令卓別林的詼諧具有永恆色彩：人性的色彩。

巴斯特‧基頓

載《藝術》，1952年10月3日

夏爾洛與于洛先生

賈克‧大地披露自己與卓別林在笑料概念的分歧。他倆分屬對立的學派。

我們做滑稽事定會提到卓別林，但常亂說一氣，把各種風格混淆，這就很嚴重。以《于洛先生的假期》為例，于洛先生來到公墓，必須重新啟動車子，在行李箱找到一把搖手柄，拿出一個輪胎，輪胎變成花圈，殯儀館以為這花圈是于洛先生帶來的。〔…〕

而卓別林原應像于洛一樣上場，但情況緊急，〔…〕為了觀眾，他只得把紙貼在輪胎上，把輪胎變成花圈。公墓管理員也以同樣方式接受這花圈。觀眾覺得劇中人演得很好，因為就在無人想出怎樣脫困時，卓別林在銀幕上為大家製造個笑料。〔…〕這問題確有兩種不同且對立的派別，因為于洛什麼也沒想出來。〔…〕卓別林卻在製作花圈時創造悄悄揩油這樣一個動作，讓觀眾看了興致盎然。

賈克・大地

〈與巴贊〔Andre Bazin〕和楚浮對談〉載《電影筆記》，1958年5月

場鏡頭(Sequence Shot)與寫實電影
法國新浪潮電影健將高達認為卓別林是位人文色彩濃厚的電影工作者、一位發明家，更是熱愛自由的人。

他遠超出人們對他的讚揚，因為他是最偉大的。還有什麼可說的？總之，他是唯一能無誤解地接受人文電影藝術家這稱號的人。卓別林在《冠軍》中發明場鏡頭，在《大獨裁者》的最後演說中則發明寫實電影。他即使置身電影圈外，卻仍為電影事業做了比其他電影工作者還多的工作(或者可用創意、笑料、聰明、榮譽、優美、手勢等詞？)〔…〕。今天世人提起卓別林就像提到達文西。在20世紀，難道還有什麼諡美之詞會比人們看了《紐約之王》後，用義大利名導羅塞里尼(Roberto Rossellini)說的「這是熱愛自由的人拍的片」這句話來讚譽一位電影藝術家，更加感人肺腑？

高達

《電影筆記》美國電影專輯，1964年

唯一受過飢餓之苦的電影工作者
楚浮認為一系列流浪漢電影是卓別林依童年生活創作，因而更具感染力。

卓別林幼年遭嗜酒如命的父親拋棄，母親送進精神病院，家也被警察抄了，令他陷入極度困窘中。這九歲的小流浪漢整天在肯辛頓(Kensington)街上遊蕩，過著他後來在回憶錄描寫的「社會最低層」生活。我提他那常被人粗俗描述和評論到不堪入目的童年，是因為我覺得應明白極度貧困孕育爆發力。他後來進凱斯東拍了許多被追的片子。他在片中跑得比雜耍劇同事更快更遠。表現忍飢挨餓的演員不止他一個，但他卻是唯一受過飢餓煎熬的電影藝術家。當電影從1914年放映以來，全世界觀眾也深有同感。

《大獨裁者》，1940年。

楚浮為巴贊的《卓別林》一書寫的序
Ramsay Poche Cinema出版，1988年

最偉大的丑角
美國喜劇演員路易斯(Jerry Lewis)看
過《馬戲團》後萌生當小丑的念頭。

他真是棒透了！用身體和臉部表情做
出各種動作，站得筆挺，像個木偶；
舞動手杖在鋼索上行走；從獅子籠裡
逃出，猴子般敏捷地爬上旗杆。如此
滑稽有趣的表演我還從來沒有見過。
　　有場戲中，卓別林被吊在幾百面
使人變形的鏡子中。他的形象被這些
鏡子從各個角度照得千姿百態，令我
大笑不已。這時的我對自己的現實生
活感到不滿。我覺得我更想在一個幻
想家的世界裡生活，這樣就可以想當
什麼就當什麼——士兵、水手、醫
生、律師，幹什麼都行。當然我也可
以當名小丑，我知道我辦得到。

路易斯
〈傑瑞博士與路易斯先生〉
載《電影劇目》，1982年

詼諧文學中的唐吉訶德
美國導演霍克斯(Howard Hawks)承認
自己的成就應當歸功於卓別林，覺得
他的喜劇帶有悲劇色彩。

我有過一位卓越非凡的老師——卓別
林。他也許是我們最好的喜劇演員。
但他製造的笑料都來自悲劇。我的工
作也是如此。我想與卡萊·葛倫
(Cary Grant)和坎丁弗拉斯(Cantinflas)
合作《唐吉訶德》(Don Quichotte)。
有人告訴我：「這不是喜劇，而是悲
劇。」於是我就對他大大解釋一番。
我認為可以把它搞得滑稽可笑些。我
認為唐吉訶德就是卓別林角色的原
型。〔…〕我很喜歡巴斯特·基頓的
電影，但卓別林是最傑出的。

麥克白(Joseph McBride)
《霍克斯談霍克斯》
加州大學出版社，1982年

電影作品集錄

本作品集錄由瑞典作家艾斯普倫(Uno Asplund)於1971年整編,原載於他的著作《卓別林電影集》(Chaplin's Films)。

凱斯東公司時期的電影

出品:凱斯東電影公司
製片:塞納特(Mack Sennett)
編劇暨導演:卓別林(另有註明者除外)

1914年

1.《謀生》(Making a Living):萊曼 (Henry Lehrman)導演
2.《威尼斯賽車小子》(Kid Auto Races at Venice):萊曼導演
3.《梅寶奇遇記》(Mabel's Strange Predicament):萊曼與塞納特合導
4.《陣雨》(Between Showers):萊曼導演
5.《強尼拍電影》(A Film Johnnie):尼可斯(George Nichols)導演
6.《打結探戈》(Tango Tangles):塞納特導演
7.《最愛的消遣》(His Favorite Pastime):尼可斯導演
8.《殘酷的愛》(Cruel Cruel Love):尼可斯導演
9.《邊境之星》(The Star Boarder):尼可斯導演
10.《梅寶駕車》(Mabel at the Wheel):諾曼(Mabel Normand)與塞納特合導
11.《二十分鐘的愛》(Twenty Minutes of Love)
12.《餐館中》(Caught in a Cabaret):諾曼與尼可斯合導
13.《在雨中》(Caught in the Rain)
14.《忙碌的一天》(A Busy Day)
15.《奪命棍》(The Fatal Mallet):塞納特導演
16.《強盜朋友》(Her Friend the Bandit):導演不詳
17.《擊倒》(The Knockout):艾夫里(Charles Avery)導演
18.《梅寶忙碌的一天》(Mabel's Busy Day):諾曼導演
19.《梅寶的婚姻生活》(Mabel's Married Life)
20.《笑氣》(Laughing Gas)
21.《道具管理員》(The Property Man)
22.《酒客》(The Face on the Bar Room Floor)
23.《娛樂》(Recreation)
24.《化妝舞會》(The Masquerader)
25.《新職業》(His New Profession)
26.《巡迴者》(The Rounders)
27.《新門房》(The New Janitor)
28.《愛的痛苦》(Those Love Pangs)
29.《麵糰與炸藥》(Dough and Dynamite)
30.《神經紳士》(Gentlemen of Nerve)
31.《音樂生涯》(His Musical Career)
32.《約會》(His Trysting Place)
33.《蒂麗情史》(Tillie's Punctured Romance):塞納特導演
34.《越來越熱》(Getting Acquainted)
35.《他的過往》(His Prehistoric Past)

埃森耐公司時期的電影

出名:埃森耐電影製作公司
製片:羅賓斯(Jesse T. Robbins)
編劇暨導演:卓別林
攝影:英塞恩(Harry Ensign;《新工作》除外)
女主角:珀維安斯(Edna Purviance;《新工作》除外)

1915年

36.《新工作》(His New Job)
37.《外宿一晚》(A night Out)
38.《冠軍》(The Champion)
39.《公園裡》(In the Park)
40.《廉價私奔》(A Jitney Elopement)
41.《流浪漢》(The Tramp)
42.《海邊》(By the Sea)
43.《工作》(Work)

44. 《女人》(A Woman)
45. 《銀行》(The Bank)
46. 《水手》(Shanghaaied)
47. 《表演之夜》(A Night in the Show)

1916年
48. 《卡門》(Carmen)
49. 《警察》(Police)
50. 《三重不幸》(Triple Trouble)

繆區爾公司時期的電影

出品：孤星繆區爾電影公司
製片、編劇暨導演：卓別林
攝影：威廉斯(Frank D. Williams；拍攝《巡查員》、《消防員》和《流浪漢》)與托西羅(RolanTotheroh；拍攝其餘電影)
女主角：珀維安斯(《凌晨一點》除外)

1916年
51. 《巡查員》(The Floorwalker)
52. 《消防員》(The Fireman)
53. 《流浪漢》(The Vagabond)
54. 《凌晨一點》(One A.M.)
55. 《伯爵》(The Count)
56. 《當舖》(The Pawnshop)
57. 《幕後》(Behind the Screen)
58. 《溜冰場》(The Rink)

1917年
59. 《安樂街》(Easy Street)
60. 《治療》(The Cure)
61. 《移民》(The Immigrant)
62. 《冒險家》(The Adventurer)

國營第一公司時期的電影

出品：卓別林與國營第一電影公司
製片、編輯暨導演：卓別林
攝影：托西羅
女主角：珀維安斯

1918年
63. 《狗的生涯》(A Dog's Life)

64. 《保證人》(The Bond)
65. 《大兵日記》(Shoulder Arms)

1919年
66. 《光明面》(Sunnyside)
67. 《快樂的一天》(A Day's Pleasure)

1921年
68. 《小孩》(The Kid)
69. 《無業遊民》(The Idle Class)

1922年
70. 《發薪日》(Pay Day)
71. 《朝聖者》(The Pilgrim)

聯美公司時期的電影

出品：攝政(Regent)-聯美電影公司
製片、編劇暨導演：卓別林
攝影：托西羅(直到《摩登時代》)

1923年
72. 《巴黎女人》(A Woman of Paris)：與珀維安斯、門朱(Adolphe Menjou)合演

1925年
73. 《淘金記》(The Gold Rush)：與喬琪亞·海爾(Georgia Hale)合演

1928年
74. 《馬戲團》(The Circus)：與墨娜·甘迺迪(Merna Kennedy)合演

1931年
75. 《城市之光》(City Lights)：與維吉尼亞·徹里爾(Virginia Cherrill)合演

1936年
76. 《摩登時代》(Modern Times)：與寶蓮·高達(Paulette Goddard)合演

1940年
77. 《大獨裁者》(The Great Dictator)：與寶

蓮・高達合演；斯特勞斯(Karl Struss)和托西羅攝影

1946年

78.《維杜先生》(Monsieur Verdoux)：與瑪麗琳・奈許(Marilyn Nash)、瑪莎・雷(Martha Raye)合演；庫倫(Curt Courant)和托西羅攝影

1952年

79.《舞台春秋》(Limelight)：與克萊爾・布魯姆(Claire Bloom)、巴斯特・基頓(Buster Keaton)和西尼・卓別林(Sydney Chaplin)合演；斯特勞斯攝影

英國時期的電影

1957年

80.《紐約之王》：與唐・亞當斯(Dawn Addams)合演；雅地加拱門(Attica Archway)公司出品；佩里納(George Perinal)攝影

1967年

81.《香港女伯爵》：與蘇菲亞・羅蘭(Sophia Loren)、馬龍・白蘭度(Marlon Brando)合演；環球電影公司出品；艾貝森(Arthur Ibbetson)攝影

圖片目錄與出處

封面

《小孩》中的卓別林。1921年。

封底

《摩登時代》海報。1936年。

書脊

1919年8月7日，《電影和幻燈機週刊》(*The Kinematograph and Lantern*)封面刊登的《光明面》劇照。

扉頁

1 卓別林在剪輯室裡檢查《小孩》的底片。約1920年。
2 卓別林和庫甘在拍攝《小孩》。約1920年。
3 《小孩》。1921年。
4 拍攝《淘金記》。1923至25年。
5 《淘金記》。1925年。
6 拍攝《馬戲團》。1925至27年。
7 《馬戲團》。1928年。
8 拍攝《維杜先生》。1946年。
9 《維杜先生》。1947年。
11 《淘金記》。1925年。

第一章

12 《凱西宮廷馬戲團》中的明星卓別林。1906年。
13 以倫敦特拉法加廣場(Trafalgar Square)為景的明信片。
14左 卓別林的母親漢娜・希爾。約1885年。
14右 〈她想必既聰明又美麗〉，羅伯遜(T. F. Robson)作詞作曲，老卓別林演唱。約1890年。
15上 倫敦雜耍劇院1895年7月3日的節目單，演唱者為老卓別林。
15下 老卓別林。約1893年。
16-17 漢威爾孤兒院。約1897年。
17右 漢威爾孤兒院全體孤兒合影。1897年。中為卓別林。
18上 以20世紀初倫敦一家店舖為景的明信片。

18下　1905年，《福爾摩斯》在倫敦重演，卓別林在劇中飾演比利。

19　西尼‧卓別林。約1917年。

20上　1905年，倫敦約克斯‧杜克劇場上演《福爾摩斯》的節目單。

20下　吉雷特飾演福爾摩斯。1905年。

21　1906年，卓別林和西尼在平克公司的《裝修》中演出。圖為卓別林寫的明信片。

22　弗雷德‧卡諾。

23-23　卡諾劇團的汽車。1907年。

24　1910年10月，卡諾在紐約布魯克林的奧芬(Orpheum)劇場上演《倫敦俱樂部之夜》的海報。

25上　1910年，卓別林和卡諾劇團的兩位喜劇演員在「凱恩羅娜號」郵船上。

24-25下　1911年，卓別林在舊金山皇后劇院海報前留影。

第二章

26　卓別林做拍片前的準備。約1914年。

27　查理的剪影。

28　塞納特在凱斯東片廠。1913年。

29　英斯、卓別林、塞納特和葛里菲斯在凱斯東片廠。約1914年。

30左　1914年8月，卓別林抵達凱斯東片廠。

30右　查理。

31　查理。

32左　查理。

32右　諾曼。約1914年。

33上　塞納特執導的《蒂麗情史》中的卓別林和諾曼。1914年。

33下　加州的凱斯東片廠。約1914年。

34-35　《威尼斯賽車小子》。1914年。

36　《新工作》中的卓別林和圖賓。1915年。

36-37　珀維安斯和卓別林在拍片中。約1915年。

38下　《卓別林散步，新狐步歌》，埃森耐公司製作，巴頓(Roy Barton)作曲，唐斯(A. Downs)填詞。1915年。

38-39上　連環畫《滑稽驚奇》(*The Funny Wonder*)。1915年11月13日。

38-39下　《工作》中的卓別林和英斯萊。1915年。

40　卓別林、坎貝爾、奧斯汀和西尼在《如何拍電影》中。該片是描述建立新片廠的記錄片。1917年。

40-41左　廣告：卓別林與繆區爾電影公司簽約。1916年。

41上　卓別林與繆區爾電影公司的弗羅勒簽約。1916年。

41下　卓別林與亨利‧伯格曼。

42左　《凌晨一點》。1916年。

42右　《凌晨一點》。1916年。

43　卓別林和坎貝爾在《消防員》中。1916年。

44-45　卓別林和珀維安斯在《流浪漢》中。1916年。

46　卓別林和科曼在《冒險家》中。1917年。

46-47　卓別林、坎貝爾和伯格曼在《治療》中。1917年。

47　卓別林和坎貝爾在《治療》中。1917年。

第三章

48　卓別林在洛杉磯日落大道和拉布里大街拐角處自己片廠的鷹架上。1917年。

49　卓別林在洛杉磯自己片廠的工地上。1917年。

50右上　拍攝《大兵日記》。1918年。

50左下　卓別林的模仿者里奇。1918年。

50-51　珀維安斯和卓別林在《狗的生涯》中。1918年。

51右　卓別林的模仿者里奇。1918年。

52上　1919年8月7日《電影和幻燈機》雜誌封面刊登的《光明面》劇照。

52下　《光明面》。1919年。

53左　卓別林手拿《小孩》的膠捲與里福斯(Alf Reeves)和西尼合影。約1921年。

53右　卓別林與庫甘在《小孩》中。1921年。

54-55　卓別林、庫甘和漢弗特在《小孩》中。1921年。

56左　卓別林與威爾斯。1921年。

56右　「查理，跟我來」遊戲。約1920年。

57下 《朝聖者》。1923年。

58上 1919年4月17日,范朋克、卓別林、葛里菲斯和畢克馥簽約,成立聯美電影公司。

58下 女演員波拉·內格里。約1920年。

59上 門朱和珀維安斯在《巴黎女人》中。1923年。

59下 卓別林在好萊塢德萊弗峰的寓所。

60上 1919年4月,范朋克、卓別林、畢克馥在拍片。

60下 《淘金記》海報。1925年。

61 《淘金記》。1925年。

62-63 《淘金記》。1925年。

64 《淘金記》中的麵包舞。1925年。

65上 標明卓別林配樂的《淘金記》海報。1942年。

64-65下 《淘金記》的最後一幕。1925年。

66上 《馬戲團》。1928年。

66下 《馬戲團》海報。1928年。

67 卓別林和伯格曼在《馬戲團》中。1928年。

68左 卓別林。1928年。

68右 莉塔·格雷在與卓別林離婚時宣誓。1927年。

69 1926年9月28日,卓別林的片廠在拍攝《馬戲團》時遭受祝融之災。

70-71 拍攝《城市之光》。1925至27年。

72-73 卓別林、維吉尼亞·徹里爾在《城市之光》中。1931年。

73上 卓別林和邁爾斯在《城市之光》中。1931年。

73下 卓別林和徹里爾在《城市之光》中。1931年。

74左 《城市之光》海報。1931年。

74右 1931年2月27日,卓別林和愛因斯坦夫婦在倫敦多米尼恩(Dominion)劇院出席《城市之光》的首映。

75左上 1931年2月27日,卓別林和蕭伯納在倫敦多米尼恩劇院出席《城市之光》的首映。

75右上 1930年1月,卓別林陪同邱吉爾觀看《城市之光》的拍攝。

75下 卓別林在拉小提琴。

76上 《摩登時代》海報。1936年。

76下 《摩登時代》海報。1936年。

76-77 《摩登時代》。1936年。

78-79 《摩登時代》。1936年。

80 卓別林拍攝《摩登時代》。1936年。

81 卓別林和寶蓮·高達在《摩登時代》中。1936年。

第四章

82 《舞台春秋》。1952年。

83 卓別林拍攝《大獨裁者》。1939至40年。

84上 1937年,卓別林飾演拿破崙,該片拍攝計畫後被放棄。

84下 卓別林和奧基在《大獨裁者》中。1940年。

85 卓別林和寶蓮·高達在《大獨裁者》中。1940年。

86-87 《大獨裁者》中的三幕。

88-89 1944年2月14日,卓別林和瓊·貝瑞在洛杉磯打官司。

89 1944年2月14日,卓別林和瓊·貝瑞在洛杉磯打官司。

90-91 《維杜先生》。1947年。

92-93上 卓別林、塞欣斯、米爾斯(Edwin Mills)和貝肯(Irving Bacon)在《維杜先生》中。1947年。

92下 《維杜先生》海報。1947年。

93 《維杜先生》最後一幕。1947年。

94 《舞台春秋》。1952年。

95上 《舞台春秋》海報。1952年。

95下 克萊爾·布魯姆和卓別林在《舞台春秋》中。1952年。

96-97 卓別林和巴斯特·基頓在《舞台春秋》中。1952年。

98 《舞台春秋》。1952年。

99 《舞台春秋》。1952年。

100-101 布魯姆和卓別林在《舞台春秋》中。1952年。

101上 1952年9月17日,卓別林搭乘「伊麗莎白女王號」郵輪前往倫敦出席《舞台春秋》的首映。

102 《紐約之王》海報。1957年。

103上 《紐約之王》中的兩幕。1957年。

103下　卓別林在《紐約之王》中。1957年。《紐約之王》的海報(細部)。

104　卓別林爲《紐約之王》配樂指揮。1957年。

105　卓別林爲《紐約之王》演奏鋼琴，配樂錄音。1957年。

106　卓別林全家閱讀《我的一生》。約1964年。

107　卓別林在瑞士科齊埃-韋維家中爲全家攝影。

108　蘇菲亞・羅蘭和卓別林在拍攝《香港女伯爵》。

108-109　卓別林爲《香港女伯爵》配樂指揮。1966年。海報。

110-111　1952年10月30日，卓別林抵達巴黎。

111　卓別林。約1972年。

112　1956年8月24日，卓別林在聖克盧(Saint-Cloud)片廠的剪輯室裡檢視《紐約之王》。

見證和文獻

113　《幕後》。1916年。

114　《他的過往》。1914年。

117　《消防員》。1916年。

118　《移民》。1917年。

119　《移民》，1917年。

121　《城市之光》。1931年。

122　流浪漢查理的皮鞋。

123　卓別林和西尼在拍攝《移民》。1917年。

125　卓別林一家人。

126　《大獨裁者》。1940年。

128　卓別林和林德。

129　《謀生》。1914年。

130-131　卓別林在拍攝《維杜先生》。1946年。

131上　卓別林和巴斯特・基頓。

133　《大獨裁者》。1940年。

147　《移民》。1917年。

圖片版權所有

索引

二劃

《二十分鐘的愛》　33,35

三劃

《大兵日記》　49,50,106

《大獨裁者》　73,83-6

《女人》　40

《小孩》　49,52-3,55-6,61

《工作》　21

四劃

丹佛　25

內格里，波拉(Pola Negri，女演員)59

內華達山脈　60-1

《公園裡》　38

反美活動調查委員會　93,102

天主教退伍軍人組織　92

巴黎　　　　　　　　　　56,75-6,94

《巴黎女人》　　　58-9,60,108,110

日落大道　　　　　　　　　　50

比利(僮僕；卓別林早期扮演的角色)
　　　　　　　　　　　　19,20-1

比林斯(Billings)　　　　　　　25

比特(Butte)　　　　　　　　　25

比森電影公司　　　　　　　　29

《水手》　　　　　　　　　　40

五劃

《他的過往》　　　　　　　　36

加州　　　　　　28,60,102,111

《卡門》(西席‧地密爾導演)　40

卡諾，弗雷(Fred Carno)
　　　　　22-5,27,30,40-1,56

史旺，麥克(Mack Swain，演員)　63

《外宿一晚》　　　　　　　　37

尼可斯，喬治(George Nichols，導演)
　　　　　　　　　　　　　　33

尼金斯基(Vaslav Nijinski，1888-1950)
　　　　　　　　　　　　　　52

蘇俄芭蕾舞家，是20世紀最具開創性的舞蹈家。代表作有《牧神的午後》、《青鳥》及《春之祭》等。

布希亞-薩瓦涵(Jean Anthelme Brillat-Savarin，1755-1826)　　　63

法國法學家暨作家。以《味覺生理學》而聞名，此書談論享受美食的愉悅。

布朗洛，凱文(Kevin Brownlow，剪輯)　　　　　　　　　　　107

布萊克默(Blackmore，經紀人)　19

布魯克，路易絲(Louise Brooks)　65

布魯姆，克萊爾(Claire Bloom，女演員)　　　　　　　　　　94,100

平克公司　　　　　　　　　　21

弗洛黑，侯貝爾(Robert Florey，卓別林的法國助手)　　　　　　92

弗羅勒，約翰(John Freuler，製片)　42

甘地(Mohandas Karamchand Gandhi，1869-1948)　　　　　　　　76

《生活》雜誌　　　　　　　　111

白里安(Aristide Briand，1862-1932)
　　　　　　　　　　　　　　76

法國政治領袖。曾任總理11次，也是第三共和任職最久的外交部長。因致力於和平及國際主義而廣受推崇。

白蘭度，馬龍(Marlon Brando，1924-)　　　　　　　　　　　108

六劃

「伊麗莎白女王號」郵輪　　100-1

《光明面》　　　　　　　　　52

共產黨　　　　　　　　　87,100

吉斯勒，傑瑞(Jerry Giesler，律師)　89

吉雷特，威廉‧C(William C. Gillette，演員)　　　　　19,20-1

吉爾，大衛(David Gill，剪輯)　107

地密爾，西席(Cecil B. DeMille，1881-1959)　　　　　　　　　40

美國電影製片暨導演。作品反映美國品味及價值觀，以善拍史詩風格的大場面著稱。

《在雨中》　　　　　　　33,36

好萊塢
　31,50,56-7,59,65-7,70,73,76,81,85-6,
93,111

好萊塢喜劇　　　　　　　　　60

《如何拍電影》　　　　　　　107

《安樂街》　　　　　　　　　47

托西羅，羅蘭(Roland Totheroh，攝影)　　　　　　　41,76,108

有聲電影　　　　70-1,73,84,97

百老匯電影院　　　　　　　　74

考克多，尚(Jean Cocteau，1889-1963)　　　　　　　　　　76

　　法國作家、藝術家暨電影製片。作品涉及詩、小說、戲劇、評論、芭蕾舞劇、電影和繪畫等類型。作品有《美女與野獸》等。

艾斯勒，漢斯(Hanns Eisle，作曲家)　　　　　　　　　　　93-4

西班牙　　　　　　　　　　　76

西雅圖　　　　　　　　　　　25

七劃

伯庫特洋基歌舞團(海蒂·凱莉是該團的舞者)　　　　　　　　24

伯格曼，亨利(Henry Bergman，演員)　　　　　　　41,47,67

《伯爵》　　　　　　　　　　46

克萊爾，何內(René Clair，1898-1981)　　　　　　　　　69

　　法國喜劇電影大師。在電影中完美融合音樂及音效，使對白幾乎成為多餘。

克隆代克(Klondike)　　　　　60

克魯仙柯，喬治(George Cruikshank，1792-1878)　　39

冷戰　　　　　　　87,92,106

利穆，尚·德(Jean de Limur，導演)　　　　　　　　　　60

坎貝爾，艾力克(Eric Campbell，演員)　　　　　　　40-2,47

坎城電影節　　　　　　　　111

希特勒(Adolf Hitler，1889-1945) 83-5

希爾，漢娜(Hannah Hill，卓別林的母親)　　　　14-6,18,56,73

《忍無可忍》(葛里菲斯導演)　42

《快樂的一天》　　　　　　　53

《我的一生》(卓別林自傳)　　　　18-9,31,35,55,63,71,75,84,107

《我倆沒有明天》(亞瑟·潘導演) 110

杜拉克(Germaine Dulac，1882-1942)　　　　　　　　　69

狄更斯(Charles Dickens，1812-1870)　　　　　　　　　13,39

　　英國小說家。作品批判維多利亞時代的工業化及拜金風氣，充滿悲愴的幽默及人道思想。著有《孤雛淚》及《雙城記》等。

貝內特，瑪喬麗(Marjorie Bennett，女演員)　　　　　　　92

貝瑞，瓊(Joan Barry，女演員)　　　　　　　　　88-9,93

貝爾，蒙塔(Monta Bell，導演)　60

《巡查員》　　　　　　　　　43

里弗斯，梅(May Reeves)　　76

里弗斯，梅(May Reeves，卓別林的密友)　　　　　　　　76

里連斯公司　　　　　　　　29

八劃

亞當斯，唐(Dawn Addams，女演員)　　　　　　　　　102

佳吉列夫(Sergey Diaghilev，1872-

1929) 52

卓別林，尤金(Eugene Chaplin，與歐娜‧歐尼爾所生) 106

卓別林，安妮特(Annette Chaplin，與歐娜所生) 106

卓別林，西尼(Sydney Chaplin，卓別林的哥哥) 14-6,18-9,21-3,40-1,52,70,108

卓別林，克里斯多福(Christopher Chaplin，與歐娜所生) 89,106

卓別林，查爾斯(Charles Chaplin，卓別林的父親) 14-6,24

卓別林，查爾斯‧斯賓塞(Charles Spencer Chaplin，與莉塔‧格雷所生) 65,100,108

卓別林，珍(Jane Chaplin，與歐娜所生) 106

卓別林，約瑟芬(Josephine Chaplin，與歐娜所生) 100,106

卓別林，席尼‧厄爾(Sydney Earle Chaplin，與莉塔所生) 65,100,108

卓別林，麥可(Michael Chaplin，與歐娜所生) 100,106

卓別林，惠勒(Wheeler Chaplin，卓別林的弟弟) 15

卓別林，裘拉汀(Geraldine Chaplin，與歐娜所生) 89,100,106

卓別林，維多利亞(Victoria Chaplin，與歐娜所生) 106,110

《卓別林》(德呂克著，1921年) 51,110

奈爾斯 36

孤星(片廠) 41

《孤雛淚》(狄更斯著) 13

《怪物》 110

拉布里大街 50

明尼亞波里 25

林德，麥克斯(Max Linder，1883-1925) 43

波特蘭 25

法國 92

法國榮譽勳章 76,111

《治療》 47

《牧神的午後》 52

《狗的生涯》 50-1,106

芝加哥 25,36

《表演之夜》 40

邱吉爾(Winston Churchill，1874-1965) 74-6

門朱，阿道夫(Adophe Menjou，演員) 59

阿巴可，法蒂(Fatty Arbuckle，演員) 64

阿努伊(Jean Anouilh，1910-1987) 100
　法國劇作家。代表作有改編自《米迪亞》和《安蒂岡妮》的戲劇。

阿拉貢(Louis Aragon，1897-1982) 69
　法國共產主義作家。超現實主義文學創始人之一。

阿波里奈(Guillaume Apollinaire，1880-1918) 39
　生於義大利羅馬的法國詩人。是現代主義及前衛派藝術的重要人物。

阿爾及利亞 76

《青樓怨婦》(路易‧布紐爾導演) 110

九劃

俄羅斯芭蕾舞團　52

《冒險家》　46

《冠軍》　38

《勇敢的傑米》　24,36

哈里斯，米爾德麗(Mildred Harris，女演員)　51,53

哈萊，莉莉(卓別林母親漢娜·希爾的藝名)　14

《城市之光》　38,70-1,73-5,81,103,106

《城堡之邀》(阿努伊改編)　100

威尼斯　76

威尼斯影展　111

《威尼斯賽車小子》　32,35

威爾斯(H. G. Wells，1866-1946)　57

　英國科幻小說家。著有《隱形人》、《時間機器》與《世界大戰》等。

威爾斯，奧森(Orson Wells，1915-1985)　89

　美國電影演員、導演、製片及作家。代表作《大國民》是影史上最具影響力的電影。

威爾斯親王　76

柯南·道爾，亞瑟(Arthur Conan Doyle，1859-1930)　19

柯羅克，哈利(Harry Crocker，演員)　66-7,74

《查理野餐》　52

柏林　59,64,75-6

流浪漢　13,22,27,31-2,35-6,38-9,50,53,55,57,66,70,81,111

《流浪漢》　45-6

洛杉磯　25,41,57,68,74-5,88,111

珀維安斯，埃德娜(Dena Purviance，女演員)　37,37,41,45-6,51,58-9,107

科曼，法蘭克·J.(Frank J. Coleman，演員)　46

科齊埃-韋維(Corsier -sur-Vevey)　107,111

美國25,50,76,86,91-2,94,100-2,106,111

胡佛(J. Edgar Hoover，1895-1972)　86

范朋克，道格拉斯(Douglas Fairbanks，1883-1939)　57-8,60

英國　19,56,76,100-1

英國女王伊莉莎白二世　111

英國廣播公司(BBC)　64

《英國雜耍劇院之夜》(卡諾劇團)　24

英斯，湯瑪斯·H(Thomas H. Ince，製片)　29

音樂喜劇　28

《香港女伯爵》　108-9

十劃

倫敦　13-6,19,21-2,56-7,64,75-6,94,100,102,108

《倫敦俱樂部之夜》(卡諾劇團)　24

《凌晨一點》　42-3

唐納，喬治(George Donner)　60

《唐璜》(克洛斯蘭導演)　70

埃克斯茅斯號」實習船　16,18

埃格列夫斯基，安德列(Andre Eglevsky，舞者)　100

埃森納電影公司　36-8,40,42

埃爾桑，伊莎貝爾(Isobel Elsom，女演員)　92

庫甘，傑奇(Jackie Coogan，演員)　52-3,55

庫克，阿利斯特(Alistair Cooke，1908-)　70

　記者暨作家。生於英國曼徹斯特，1941年歸化爲美國公民。二次大戰後爲BBC擔任駐美特派員，並主持「美國信札」(Letter From America)廣播節目，報導美國事務。

拿破崙(Napoléon，1769-1821)　84

格雷，莉塔(Lita Grey，女演員)　65,68-9,100

泰米斯(Tamise)　14

《消防員》　42,43

海登，梅麗莎(Melissa Hayden，舞者)　100

海爾，喬琪亞(Georgia Hale，女演員)　61,65,70,74

《海邊》　38

特賓，班(Ben Turpin，演員)　36

《眞理報》　88

《神話學》(羅蘭・巴特斯著)　79

笑料工廠　22

索思沃克(Southwark)　14,18

紐約　25,65,74-5,88,102,111

《紐約之王》　102-3

《紐約之光》(福伊導演)　70

紐約杜克劇場　20-1

紐約電影公司　28-9,36

馬努瓦・德・邦(Manoir de Ban)　102

馬戲團　29,66,110

《馬戲團》　66-9

十一劃

《偷渡者》　110

曼恩法案　88

曼徹斯特皇家劇院　16

《國家的誕生》(葛里菲斯導演)　42

國家銀行　68

國營第一電影公司　49,53,56,58

基頓，巴斯特(Buster Keaton，1895-1966)　97,100

梅斯，弗雷(Fred Mace，演員)　28

《梅寶奇遇記》　32

《梅寶的婚姻生活》　32,36

《淘金記》　60,61,63,64,65

畢卡索(Pablo Picasso，1881-1973)　94

　西班牙畫家，1904年起定居巴黎。除繪畫、雕塑外，亦擅平面設計，與布拉克共創立體派畫風。創作豐富多變，對20世紀的藝術影響甚鉅。

畢克馥，瑪麗(Mary Pickford)　57-8,60

《畢業生》(麥克・尼可斯導演)　110

《移民》　47

移民法　100

第一次世界大戰　22,41,50

第二次世界大戰　84,87

通俗劇　58-9

麥卡錫主義　91

麥默里，莉莉塔(Lillita McMurray)　61

十二劃

傑克遜，威廉(William Jackson)　16

《凱西宮廷馬戲團》(短劇)　17

「凱恩羅娜號」郵輪　25

凱莉，海蒂(Hetty Kelly)　24,51,57

凱斯東電影公司
　　　25,27-9,30,32-3,35-6,42

勞倫茨，亞瑟(Arthur Laurents，劇作家)　100

勞萊，斯坦(Stan Laurel)　24

勞萊與哈台　24,47

喜劇　28,30,38,40,47,50,52,63,75

堪薩斯城　25

悲喜劇　46

悲劇　59,63,77

斯特林，福特(Ford Sterling，演員)28

《朝聖者》　56-7,88,106

《森林中的孩子》(蘭開郡少年舞蹈團)　16

森茲伯里(H. A. Saintsbury，演員)　19

《無業遊民》　56

《發薪日》　56-7

萊曼，亨利(Henry Lehrman，導演)
　　　31-3,35

費城　25

《越來越熟》　32

《週末》(高達導演)　110

十三劃

傳記電影公司　28,32

塞欣斯，阿米拉(Almira Sessions，女演員)　92

塞納特，麥克(Mack Sennett)
　　　27-9,30,32-3,36,108

塔科馬(Tacoma)　25

奧基，傑克(Jack Oakie，演員)　85

奧斯卡(特別)獎　111

奧斯汀，亞伯(Albert Austin，演員)
　　　41,47

愛因斯坦(Albert Einstein，1879-1955)
　　　74-6

愛普斯坦，傑羅姆(Jerome Epstein，製片)　108

《新工作》　36

新加坡　76

《新門房》　36

滑稽短劇　21-4

滑稽歌舞劇　15,24,29,53

《溜冰場》　43,46

瑞士　101-2

《當舖》　46

義大利銀行　68

聖保羅　25

聖路易斯　25

蒂埃黑，尚-巴蒂斯特(Jean-Baptiste Thierree)　110

《蒂麗情史》　33

葛里菲斯(D. W. Griffith，1875-1948)
　　　28-9,42,57-8

《裝修》　21

詹姆斯，丹(Dan James，助理導演)73

詹姆森，巴德(Bud Jamieson，演員)
　　　37

達瑞斯特，亨利·達巴迪(Henri d'Abbadie d'Arrast，導演)　60

雷，曼(Man Ray，1890-1976)　69

美國藝術家、攝影師暨電影製片，是美國達達(Dada)畫派的主要代表。最知名的作品爲《禮物》——底部黏著一排釘子的熨斗。

雷，瑪莎(Martha Raye，女演員)　92

雷捷(Fernand Léger，1881-1955)　39
　法國立體派畫家。以描繪機器時代的作品著稱。

十四劃

圖賓，迪克(Dick Turpin)　21

《幕後》　43,46

徹里爾，維吉尼亞(Virginia Cherrill，女演員)　70,72,74

漢弗特，朱爾(Jules Hanft，演員)　55

漢威爾孤兒院　15-7,76

《漸入佳鏡》　70

《福爾摩斯》(舞台劇)　19,20-1

維也納　76

《維杜先生》　89,91,93

維塔格拉夫電影公司　32

維龍(François Villon，1432-1463)　110
　法國抒情詩人。因犯罪而大半生身繫囹圄，後遭放逐。作品有民謠、歌曲及迴旋詩等。

《舞台春秋》　13,75,83,94,97,100-1

《蒙面鳥》　23,40

《銀行》　36,38

十五劃

德呂克，路易(Louis Delluc，1890-1924)　51

德萊弗峰　59,65

德萊頓，李奧(Leo Dryden)　15

德雷斯勒，瑪麗(Marie Dressler，女演員)　33

《摩登時代》　42,67,75-7,79,80-1,84

歐尼爾，尤金(Eugene O'Neill，1888-1953)　89

歐尼爾，歐娜(Oona O'Neill)　89,100,102,106,111

歐洲　41,56,74,101,106,110

蔚藍海岸　76

《衛報》　111

墨索里尼(Benito Mussolini，1883-1945)　85

十六劃

盧比奇，恩斯特(Ernst Lubitch)　60

蕭伯納(George Bernard Shaw，1856-1950)　74,76
　英國戲劇家、評論家及文學家。1925年榮獲諾貝爾文學獎。代表作為《賣花女》等。

《謀生》　30

諾曼，梅寶(Mabel Normand，女演員)　28,32-3

霍夫曼，瑪格麗特(Margaret Hoffman，女演員)　92

霍普金斯‧喬伊斯，佩吉(Peggy Hopkins Joyce)　58-9

默劇　14,23,55,70-1

十七劃

環球電影公司　108

繆區爾電影公司　40-2,46-7,67

聯邦調查局　86-8,92,94,100

聯美電影公司　57-8

邁爾斯，哈利(Harry Myers，演員)　73

黛德麗，瑪琳(Marlene Dietrich，1901-1992)　76

舊金山　　　　　　　　24-5,67,87

十八劃

雜耍劇院　　13-7,19,21-3,36,39,42

十九劃

懷特，李奧(Leo White，演員)　　37
羅斯福(Franklin D. Roosevelt，1882-
1945)　　　　　　　　　　　86
羅蘭，蘇菲亞(Sophia Loren，1934-)
　　　　　　　　　　　　108-9

二十劃

寶蓮，高達(Paulette Goddard，女演
員)　　　　　　76,80,85,109

蘇德蘭，艾德華(Edward Sutherland)
　　　　　　　　　　　　　60
蘇聯　　　　　　　　　　69,87
《警察》　　　　　　　　　39

二十一劃

蘭貝斯(Lambeth)　　　14,18-9,24
蘭開郡少年舞蹈團　　　　16-8

誌謝

本書作者與出版者感謝卓別林檔案資料室的
Pamela Paumier女士，以及卓別林家人的大力
幫忙。出版者感謝《美國雜誌》、《紐約時
報》、Robert Laffont出版社、《電影筆記》、
Ramsay出版社、Stock出版社及加州大學出版
社的鼎力相助。

編者的話

時報出版公司的《發現之旅》書系，獻給所有願意親近知識的人。

此系列的書有以下特色：

第一，取材範圍寬闊。每一冊敘述一個主題，全系列包含藝術、科學、考古、歷史、地理等範疇的知識，可以滿足全面的智識發展之需。

第二，內容翔實深刻。融專業的知識於扼要的敘述中，兼具百科全書的深度和隨身讀物的親切。

第三，文字清晰明白。盡量使用簡單而清楚的文字，冀求人人可讀。

第四，編輯觀念新穎。每冊均分兩大部分，彩色頁是正文，記史敘事，追本溯源；黑白頁是見證與文獻，選輯古今文章，呈現多種角度的認識。

第五，圖片豐富精美。每一本至少有200張彩色圖片，可以配合內文同時理解，亦可單獨欣賞。

自《發現之旅》出版以來，這樣的特色頗受讀者支持。身為出版人，最高興的事莫過於得到讀者肯定，因為這意味我們的企劃初衷得以實現一二。

在原始的出版構想中，我們希望這一套書能夠具備若干性質：

●在題材的方向上，要擺脫狹隘的實用主義，能夠就一個人智慧的全方位發展，提供多元又豐富的選擇。

●在寫作的角度上，能夠跨越中國本位，以及近代過度來自美、日文化的影響，為讀者提供接近世界觀的思考角度，因應國際化時代的需求。

●在設計與製作上，能夠呼應影像時代的視覺需求，以及富裕時代的精緻品味。

為了達到上述要求，我們借鑑了許多外國的經驗。最後，選擇了法國加利瑪 (Gallimard) 出版公司的 *Découvertes* 叢書。

《發現之旅》推薦給正值成長期的年輕讀者：在對生命還懵懂，對世界還充滿好奇的階段，這套書提供一個開闊的視野。

這套書也適合所有成年人閱讀：知識的吸收當然不必停止，智慧的成長也永遠沒有句點。

生命，是壯闊的冒險；知識，化冒險為動人的發現。每一冊《發現之旅》，都將帶領讀者走一趟認識事物的旅行。

發現之旅 60

卓別林
笑淚交織的粉墨人生

原　　著：David Robinson
譯　　者：葛智強
主　　編：尤傳莉
文字編輯：曹　慧
美術編輯：高鶴倫
董 事 長
發 行 人：孫思照
總 經 理：莫昭平
總 編 輯：林馨琴
出 版 者：時報文化出版企業股份有限公司
　　　　　台北108和平西路三段240號4樓
　　　　　發行專線（02)2306-6842
　　　　　讀者服務專線 080-231-705　(02)2304-7103
　　　　　讀者服務傳真（02)2304-6858
　　　　　郵撥 0103854～0 時報出版公司
　　　　　信箱：台北郵政79～99信箱
　　　　　時報悅讀網：http://www.readingtimes.com.tw
　　　　　電子郵件信箱：ctpc@readingtimes.com.tw
　　　　　印刷：詠豐彩色印刷有限公司
　　　　　初版一刷：二○○二年三月十一日
　　　　　定價：新台幣二五○元
　　　　　行政院新聞局局版北市業字第80號
　　　　　版權所有　翻印必究
　　　　　（缺頁或破損的書，請寄回更換）

ISBN 957-13-3604-1

文字與書寫	01	31	印第安人
古埃及探秘	02	32	非洲探險
希臘的誕生	03	33	羅特列克
絲綢之路	04	34	亞歷山大大帝
哥倫布	05	35	伽利略
梵谷	06	36	大象
貝多芬	07	37	莎士比亞
馬雅古城	08	38	塞尚
星空	09	39	高更
鯨魚生與死	10	40	雷諾瓦
莫札特	11	41	竇加
羅丹	12	42	巴哈
向極地挑戰	13	43	愛因斯坦
化石	14	44	佛陀
亞馬遜雨林	15	45	女巫
南太平洋征旅	16	46	新石器時代
佛洛伊德	17	47	畢卡索
創世紀	18	48	世界花園
牛頓	19	49	氣象學
恐龍	20	50	搖滾年代
吸血鬼	21	51	羅馬人
莫內	22	52	魔鏡！美的歷史
甘地	23	53	馬內
龐貝	24	54	華格納
維京人	25	55	米羅
林布蘭	26	56	拿破崙
羅馬考古	27	57	海明威
阿茲特克	28	58	普魯斯特
火山	29	59	數字王國
十字軍東征	30		

國家圖書館出版品預行編目資料

卓別林：笑淚交織的粉墨人生 ／ David Robinson
原著；葛智強譯. — 初版. — 臺北市：
時報文化，2002〔民91〕
　　面；　　公分.—（發現之旅；60）
含索引
譯自：Charlot, Entre rire et larmes
ISBN 957-13-3604-1（平裝）

1.卓別林(Chaplin, Charles, 1819-1977) –

785.28　　　　　　　　　　　　　　91001932